El PEQUEÑO LIBRO
del DUELO

el PEQUEÑO LIBRO del DUELO

CAMILA SODI

AGUILAR

El papel utilizado para la impresión de este libro ha sido fabricado a partir de madera procedente de bosques y plantaciones gestionadas con los más altos estándares ambientales, garantizando una explotación de los recursos sostenible con el medio ambiente y beneficiosa para las personas.

El pequeño libro del duelo

Primera edición: octubre, 2025
Primera reimpresión: enero, 2026
Segunda reimpresión: marzo, 2026

ISBN: 978-607-386-496-1

Impreso en México – *Printed in Mexico*

Para ti

Para mí la muerte es un ente vivo,
porque ella vive siempre en nosotros, de nosotros
y por nosotros; le damos validez a la muerte con nuestra
existencia... Muerta la vida, la muerte se queda esperando
su instante... Pobre muerte, espérame sentada
mientras acabo de vivir.

ERNESTINA SODI, *Águeda*

De mi cuerpo descompuesto crecerán flores,
y yo estaré en ellas; eso es eternidad.

EDVARD MUNCH

Introducción

Esta es la crónica de mi duelo. El duelo que hago y permanece. Un duelo que comenzó cuando mi madre aún estaba apenas viva y se expandió cuando, finalmente, murió.

En estas páginas puede que encuentres palabras que ahora no te digan nada, ideas que sientas ajenas o lejanas. Y está bien. A veces, lo que no resuena hoy lo hace más adelante, cuando el alma está lista. Porque cada duelo tiene un ritmo distinto, y no hay prisa ni retraso, solamente hay camino.

Te invito a leer con el corazón abierto, sin forzar nada. Lo que te hable, déjalo entrar; lo que no, guárdalo o déjalo pasar. Tal vez vuelva a ti cuando lo necesites. A mí me pasó: hubo frases que rechacé de golpe, como si no me cupieran, y que más tarde se volvieron abrigo, consuelo inesperado en medio de una noche difícil.

El inicio del duelo es como ser lanzado al agua sin saber nadar. Todo es demasiado: las emociones, los papeles, los pendientes, la vida misma que sigue como si nada mientras uno apenas respira. Es una tierra desconocida donde perdemos ese suelo familiar que nos sostenía y quedamos a la intemperie, con los sentidos desorientados.

No busco darte certezas, pero sí compañía. Y a veces eso basta para empezar a flotar.

Sentí que el mundo iba tan rápido, al igual que mi mente, que no tuve de otra más que entrarle de lleno al duelo desde el primer momento. De clavado al agua helada. De todas formas, no podía respirar... ni fuera del agua.

Cuando por fin tuve un poco de cabeza, leí todos los libros que mis amigos me habían mandado con su amor y la esperanza de que me iban a ayudar a atravesar este dolor. A mí los libros siempre me ayudan, de una manera u otra. Me hacen sentir menos sola. Me hacen sentir. Me hacen ver el mundo desde distintas perspectivas también. Al igual que una buena conversación, pero desde la comodidad de mi casa o desde donde decida hacerlo. Es una gran herramienta para nosotros, los más introvertidos. Un espacio nuestro y de nadie más.

Entre estos libros que me dieron hubo uno que me pareció el mejor. Y coincide con que es uno de los bestsellers en el tema: *La rueda de la vida*. Después, hubo varios que me parecieron lindos y esperanzadores, como uno sobre señales que me regaló la mamá de mi mejor amigo con mucho amor, que trata de cómo se nos presentan señales por todos lados, señales de nuestros seres amados que han trascendido. Otros eran largos y yo había recuperado un poco la cabeza, pero no estaba lista para leer un tabique, la verdad. Finalmente, hubo otros que me invitaban a rellenar sus páginas con mis propias ideas y me decían qué hacer paso a paso y esto terminó por enfurecerme irracionalmente.

Hubo libros que me enojaron. Los sentí absurdos. Bienintencionados, tal vez, pero fuera de lugar. Me molestaba que quisieran ayudarme cuando yo apenas podía sostenerme. ¿Cómo se atrevían a pedirme que completara sus páginas, si lo único que deseaba era que esas páginas me sostuvieran a mí? Que me hablaran. Que me abrazaran. Que me hicieran sentir que no estaba sola en medio de tanto dolor. Pero el arte —y la escritura no está exenta— está hecho para hacernos sentir. Y no siempre lo que uno desea sentir. Así que bienvenidos siempre los libros que me hacen sentir. Algo, lo que sea. Que mi rabia irracional o mi sosiego nutrido por este sean siempre herramientas para la autoexploración y la expansión de mi conciencia.

Leer me ha salvado la vida más de una vez. Y esta vez no fue diferente. A través de los libros he sentido amor, rechazo, rabia, consuelo, complicidad. Me he sentido vista. A veces, acompañada, otras veces incomprendida, pero siempre viva. Leer, y ahora escribir este libro, ha sido para mí una forma de curar, de hablar sin decir nada, de tocar sin manos.

Ojalá este libro sea eso para ti: un bálsamo en ese transitar tan hondo. Aquí estoy, contigo, aunque no te conozca. Estamos juntos, aunque cada pérdida sea única.

Y si estás leyendo esto sin haber atravesado aún la muerte de alguien cercano, ojalá estas páginas puedan esperarte como una herramienta que puedas usar cuando llegue el momento. Porque, tarde o temprano, todos nos asomamos a este abismo. Y cuando eso ocurra, que al menos no nos sintamos tan solos.

Antes de que empieces a leer, quisiera mencionar algo sobre la estructura de este libro. Fue hasta que mi editor me mencionó el término literario *stream of consciousness* —flujo de conciencia, una técnica narrativa asociada a novelistas de la primera parte del siglo XX que trata de imitar el pensamiento real, el fluir interno que no siempre tiene pausa, donde saltas de un recuerdo a una imagen, de una idea a un olor, como si todo conviviera en un mismo instante—, que me di cuenta de que tenía que explicar el orden poco convencional de mi pequeño libro. Verás, mi cabeza funciona así.

Como a mucha gente neurodivergente, las estructuras convencionales no me resultan del todo naturales. Pienso con imágenes que se cruzan, ideas que se empalman, que crean una atmósfera emocional cuando son evocadas, y quiero compartir mi experiencia desde el lugar más honesto que conozco, quiero sacar lo que siento y compartirlo para ayudar, pero también lo quiero sacar por el simple hecho de que hacerlo es una gran terapia de ayuda propia.

Mi mapa emocional es como el de todos: complejo. Un tejido de memorias donde hay hilos transparentes que hemos decidido olvidar, pero que siguen hilvanando de cualquier manera nuestra historia, aunque hayamos decidido ya no verlos, e hilos de colores brillantes que se nos quedaron zurcidos muy por la superficie y podemos mirarlos cada vez que queramos recordar algo. Somos lo que recordamos y lo que decidimos olvidar. Somos lo que vemos, pero también somos lo que solo podemos percibir.

La aguja de mis hilos siempre ha sido la intuición. Con ella voy llevando el mapa emocional a donde me lo pida. Ella guía. Yo hilvano. Y así voy tejiendo mi historia.

Así de libre, caótico, honesto y real como mi proceso de pensamiento es el proceso del duelo. Por eso hemos decidido, mi editor y yo, dejar esta estructura que parecería desestructurada de no ser por esta pequeña nota que sirve de advertencia para no decepcionar al lector que busque encontrar un relato lineal. No será el caso de este libro. Creo —creemos— que es mejor así.

Se sabe también de todas maneras, pienso yo, que una distinta forma de orden no es lo mismo que un *des-orden*.

Destino

Nunca estuve segura de creer en el destino. Hasta ahora. Pude ver perfectamente cómo todo se acomodaba consiguiendo un orden casi divino.

¿Qué es el destino? ¿Una serie de coincidencias, eventos sincronizados, la consecuencia de nuestras decisiones o acciones, o una serie de eventos predeterminados por un camino que ya está trazado para que lo recorramos? Tal vez todo esto junto. Lo raro es que solo cuando uno lo ve en retrospectiva es cuando todo adquiere sentido.

Estaba en Nueva York por trabajo. Me había ido una semana —y estaba teniendo una gran semana. También en el aspecto personal. Iba al teatro, veía a amigos queridos y conocía a otros nuevos—.

El 18 de octubre viajaba de Nueva York a París para quedarme una semana ahí con mis hijos, pero un día antes, muy temprano en la mañana, recibí una llamada de mi publicista para decirme que me habían hecho una oferta de trabajo: solo debía estar una noche en la Ciudad de México. Nos pagaban bien, por lo que el dinero del boleto a París no se perdería y ganaríamos una relación con un buen cliente. Así que le dije "sí", sin pensarlo mucho.

Ese último día en Nueva York fui al teatro con mi amigo el Gringo, que luego me acompañó caminando a un restaurante donde yo tenía una primera cita con un amigo de mi tío al que me querían presentar. La cita estuvo bien —normal— y bebí poco, así que lo que sigue no se justifica con eso.

Estábamos platicando normal, de cosas simples que uno se cuenta en las primeras citas, tonterías para entablar conversación y versiones exageradas de quienes somos, cuando de repente, de la nada, empecé a hablar de la importancia de no dar a la gente por hecho, de cómo no estamos seguros de cuánto tiempo tenemos en esta vida y, sin embargo, no nos cuidamos y no nos tratamos como si nos fuéramos a perder todos, todo el tiempo.

Y ahí —en medio del restaurante con apenas dos sorbos dentro de mí de un martini que se estaba calentando en mi mano— comencé a llorar sin darme cuenta y sin intención alguna de hacerlo. Él se me quedó viendo muy confundido y, gentilmente, me preguntó: "¿Estás llorando?", solo al tocarme la cara me di cuenta de que, de hecho, estaba llorando. Me quedé sorprendida: nunca me había pasado algo así.

Me reí un poco avergonzada y sorprendida y él me dijo, riendo, que no era broma cuando le dijeron que le iban a presentar a una latina, insinuando que somos todas muy emocionales. Nos despedimos sin más y volví a casa de mi mejor amigo donde me estaba quedando los últimos días. Esa noche sabía que estaba sacrificando sueño por esa cita, pues mi avión salía a las siete de la mañana, lo que significaba que tenía que salir de la casa a las cuatro. Así que me dormí rápido para encajar unas cuatro horas de sueño. Me desperté antes de que sonara el despertador, sudando, con el corazón muy alterado y acordándome perfecto del culpable de esto: un sueño muy perturbador.

Un techo blanco cuadriculado de falso plafón se venía abajo, colapsando de una casi cascada de agua que caía a raudales del techo. El techo ya no aguantaba el peso del agua: se rompía violentamente e inundaba todo el cuarto. Yo era el espectador, nada me pasaba. Recuerdo la sensación de tener mucho miedo. En cuanto el techo colapsaba, yo sabía que alguien estaba atrapado ahí dentro, ahogándose, sin poder gritar. Así que la que gritaba era yo. *¿Quién está ahí? ¿Estás bien? ¿Cómo te puedo ayudar?* La sensación que me provocó ese sueño era de una angustia aterradora.

En cuanto me desperté, alterada, lo primero que hice fue llamar por teléfono a mi exesposo, quien estaba con los niños, para preguntarle si todos estaban bien. Le dije que había tenido un sueño horrible, pero que parecía una premonición de que una calamidad iba a suceder en la familia, y que lo que más quería yo saber es que él y nuestros hijos estuvieran bien. Tenía el sabor de un mal presagio en la boca. Me aseguró que todos estaban bien y emocionados por verme en dos días, cuando llegara a París a verlos.

En el aeropuerto aún no me podía quitar esa sensación de encima. Así que en un tiempo muerto esperando abordar, me puse a guglear el significado de mi sueño. "Pena", "tristeza", "pérdida", "arrepentimiento". Le escribí a una amiga que me aseguró que soñar con agua era símbolo de abundancia y que no le diera más vueltas al asunto.

Llegué a mi casa en la Ciudad de México, donde a mi madre se le rompería la aorta frente a mí pocas horas después. Cuando la dejé en la sala de urgencias en manos de los doctores y me llevaron a la sala de espera, tuve un breve momento de silencio y soledad donde recosté mi cabeza en la parte trasera del pequeño sillón donde me había colapsado, respiré profundo, y cuando abrí los ojos, quedé impactada con lo que vi. El techo de falso plafón blanco, el mismo de mi sueño. El agua que caía a raudales, como mis lágrimas, como la situación, como el *shock* y el dolor, entraban en mí —era esto—. Y mi madre era la que se había quedado atrapada, ahogándose y yo no podía salvarla. Solo pude llamarle a mi exmarido y decirle, entre llantos histéricos: "El techo —mi sueño— es el mismo... Mi mamá se está muriendo".

Algo peor que la muerte

Cuando llegamos al hospital me quedé afuera de la sala donde la iban a intervenir. Estaba sola, como un ciervo asustado. Al poco rato, después de hacer varias llamadas frenéticas, apareció una de mis mejores amigas; nos conocemos desde hace más de veinte años. Coincidía que esa noche iba a acompañarme a un evento de trabajo que tenía, donde el *dress code* era coctel, así que, cuando llegué al hospital, traía un vestido de noche, con cola larga como de boda —incómoda para cualquier momento, pero *ridículamente* incómoda para *este* preciso momento—, unos zapatos de tacón, de los que solo sirven para que te tomes una foto y te sientes en tu silla toda la noche, y un maquillaje inspirado, a petición de la marca que patrocinaba el evento, en el nuevo coctel de lanzamiento de su whisky rosa fucsia.

Mi amiga siempre va tarde a todos lados, y esa noche su retraso fue perfecto, porque cuando yo estaba en la sala de espera, ella había podido pasar a mi casa, que inicialmente era nuestro punto de encuentro, y agarrar ropa cómoda para llevarme a urgencias.

Me trajo unos pants, unos tenis y, lo más importante, una sudadera calientita, porque estaba helando esa terrible madrugada. Cuando llegó al hospital, con ayuda de mi prima, a la que también había llamado para pedir ayuda, nos metimos al baño más cercano a la sala de emergencias donde estaban interviniendo a mi mamá, cuando de pronto empezó a sonar una alarma. Una de esas alarmas que suenan con tanta fuerza que es imposible no asustarse con ella.

Inmediatamente sentí un golpe en el estómago. De repente se me salió todo el aire. "Código ABC", repetía la alarma a todo volumen. Ya vestida cómodamente, me había metido a un puesto de baño a mear. Cuando salí a lavarme las manos fue que comenzó a sonar la alarma, y ahí a mi lado estaba una mujer con uniforme, no de doctora, pero sí del hospital, lavándose las manos. Por el espejo nos miramos y, con un hilo de voz y los ojos llenos de terror, le pregunté si ella sabía qué quería decir ese código. Me dijo muy tranquila que era el código que se usaba para llamar a todos los médicos disponibles a la sala de emergencia cuando alguien se había muerto de un paro cardiaco en el cuarto de intervenciones de urgencias, más precisamente en la sala de hemodinámica.

Hemodinámica: la sala donde tratan emergencias cardiovasculares graves, como infartos o paros cardiacos.

Hemodinámica, hemodinámica... me dio vueltas la cabeza.

Ahí estaba mi mamá.

En puto hemodinámica.

Corrí a la puerta a ver si algún doctor salía a decirme algo. Mi prima me agarró fuerte de la mano y nos quedamos afuera de la sala esperando noticias, pero sabiendo lo que había pasado. Unos eternos minutos después, salió el doctor que me había recomendado mi prima: un cardiólogo con una sonrisa de Mona Lisa, absolutamente enigmática, que podía ser tristísima o parecer que estaba a punto de soltar un chiste. Me dijo que mi madre había tenido un infarto y, después de una pequeña pausa, añadió: "... largo".

Le pregunto inmediatamente que qué tan largo.

—De cinco minutos. La siguen tratando de revivir, pero creo que pronto ya no habrá nada que hacer.

Por instinto le suelto una pregunta:

—¿Cuánto tiempo tiene que estar alguien en paro cardiaco para que lo declaren legalmente muerto?

Me mira con su cara indescifrable y me contesta:

—Veinte minutos —me lo dice con parsimonia y desfachatez—. Pues, mira, cinco llevábamos cuando vine a decirte, y los diez que llevo aquí contigo hablando, pues, en realidad...

Yo sentía que no quería decirme directamente que estaba muerta, pero me lo estaba diciendo sin decírmelo.

Me había adelantado el golpe.

Salió abatido cuando vino a hablarme.

Con la cara de un doctor que no le ganó a la muerte, que es su juego favorito.

Le pido que me deje entrar a verla para agarrarle la mano; que no quiero que muera sola estando yo ahí tan cerca, detrás de una puerta.

Se me queda mirando con compasión y se muestra reticente al inicio, pero termina cediendo, un poco también por la insistencia —a gritos— de mi tía que acababa de llegar al hospital hacía poco y estaba desesperada ella también por ver a su hermanita. Finalmente, después de unos minutos, le pide a alguien por teléfono que limpie un poco la sala y, tapando la bocina, nos dice que esto es para que no me asuste al entrar y ver tanta sangre. Entrando por la puerta que dividía el pasillo de espera que tenía unos sillones para los familiares de los ingresados a urgencias está la sala de hemodinámica. Entro agradecida de que hubieran hecho esta excepción y me estén dejando entrar.

La primera imagen que me encuentro es afuera de la segunda puerta, la puerta en la sala de operaciones. Hay por lo menos seis médicos; parecen paramédicos, pero sé que eran médicos del hospital. Todos los que habían respondido al código y habían bajado a tratar de revivir a mi madre. Están afuera de la sala, se les ve exhaustos, unos están jadeando lentamente y con calma. Hay mucho equipo: cajas y cajas negras. Si hubieran estado vestidos de civiles habría pensado que eran una banda de músicos con sus instrumentos en sus cajas negras acolchadas para no lastimarlos. Parecía que habían terminado de tocar un concierto. Todo eso me pasa por la mente, que estaba deseosa de distraerse de la realidad. De evadirse. ¿Qué era? ¿Qué estaba arrastrando mi cuerpo, un paso a la vez, para agarrar la mano de mi madre por última vez?

Cuando entré a la sala vi algo peor que a mi madre muerta.

La vi entubada. Viva artificialmente.

La habían revivido.

La mezcla más improbable de sentimientos se conjugó dentro de mí. Creando un caos tan inesperado como indescriptible. Felicidad absoluta de que vivas, madre. Horror del dolor de ver lo que sufrió tu cuerpo físico. Furia de que estés viva.

Negación: no debería de ser de esta manera.

Otra vez la alegría enorme de que estés viva, la esperanza de que salgas de aquí en el menor tiempo posible, el terror de que salgas de aquí, pero que salgas con algún tipo de impedimento cognitivo.

Miedo de que me dijera que confió en mí para que no sucediera este escenario —justamente este escenario— y que yo le quedé mal.

En nuestras pláticas sobre la muerte, que eran comunes —pero no porque alguna de las dos estuviese enferma ni mucho menos—, ella me había dicho que, si algo grave le pasaba, no quería ser entubada o ser mantenida con vida de manera artificial. Yo le decía lo mismo, pero ella me decía que, en el orden jerárquico de las cosas, ella se iba a morir primero, aunque yo se lo rebatía diciéndole que "uno nunca sabe", porque nadie sabe nada en realidad...

Yo le había prometido que me encargaría de que no la entubaran, de que no la mantuvieran con vida si su cuerpo ya no estaba en buen estado, e incluso lo fuimos a firmar ante notario. Mientras yo estuviera viva eso no iba a suceder jamás. Ella decía que iba a morir viendo el mar, al atardecer, con una copa de champaña en la mano y Beethoven tocando de fondo en la brisa cálida. Pues resulta que fue más parecido a una pesadilla que a esa fantasía.

Me inundaron decenas de sentimientos que chocaban entre ellos y hacían colisiones tan grandes que solo quedaban pedazos de algunos y pedazos de otros.

Nada concreto. Cero certeza.

Me solté llorando, duro.

Un llanto infinito.

Lloraba su muerte, su vida, el puto tubo, el coraje de que no dije que no quería esto cuando entramos a urgencias, pero tenía la cabeza en otro lado: solo quería que la salvaran, a toda puta costa, y ahora este era el resultado de *a toda puta costa*.

Pero ¿qué no va uno a urgencias a un hospital a esto? ¿A que le salven la vida a toda costa?

No así, no así.

Qué llanto más convulso, lleno de contradicciones, lleno de miedo.

Ella estaba muerta.

Gris.

Estaba completamente gris.

Tenía las manos heladas y estaba casi tiesa. Ni cuando realmente murió estaba de este color. Le agarré la mano tratando de reducir la rigidez de sus dedos sin suerte. Le acaricié el pelo rubio lleno de sangre seca; mi mente aún no podía procesar, o entender, de dónde había salido tanta sangre. Le acaricié la cara rogándole que me perdonara, que yo sabía que ella no quería estar entubada.

Había de dos sopas. Ella quería seguir viva o morir tajantemente.

Habíamos entrado al limbo.

Estábamos en el borde del mundo conocido, en el umbral entre lo que fue y lo que podría ser. Estábamos en el espacio suspendido donde la certeza se disuelve.

En el reino de la espera. Esto era el limbo. Ahora no había nada que hacer más que confiar en los doctores. Y es que confiar suena tan fácil.

Pasa el tiempo, mucho tiempo, horas y horas. Logran estabilizarla lo suficiente como para moverla de la plancha.

Terapia intensiva. El cuarto más cercano a la estación de enfermería. La paciente más grave.

Limbo.

Tiempo.

Días.

Muchos.

Luces blancas, fluorescentes, día y noche.

Frío. Vigilia. Sillas de sala de espera como camas. El sistema nervioso como un cable pelado que hace chispas. La espera. La angustia. La desesperación. Días pasan y siguen pasando.

El limbo es para todos.

Mi madre sigue en terapia intensiva, hoy son dieciocho días... Hace días que dejé de pelearme con la realidad. Si ella confía, yo confío ciegamente. Puedo ver y sentir a través del dolor. Del suyo y del mío. Veo su resiliencia. Veo y siento su espíritu inquebrantable. Me siento bendecida aun en este momento tan duro. Veo y siento el amor de mis seres amados, cómo me cuidan, cómo me procuran, cómo me contienen. El amor que he cosechado durante mi vida es mi sostén absoluto. No entiendo esta situación, pero no tengo que hacerlo, yo solo la acompaño con toda mi presencia, plantada en el amor y en la fe que ella sigue enseñándome.

Pasaron los días en terapia intensiva, entre la vida y la muerte siempre. El neurólogo hacía cada tantos días lo que él llamaba "ventanas cognitivas" para ver cómo todo lo que había pasado había impactado el cerebro de mi madre. Estas ventanas consistían en bajar la cantidad de fentanilo, oxicodona, hidromorfona y no sé cuántos analgésicos potentísimos más. Bajan las dosis hasta donde ellos consideran que el paciente puede estar más reactivo y alerta, pero donde no sienta mucho dolor. Una línea muy fina que no siempre mantiene el balance en el centro.

Recuerdo claramente un día, cuando tuvimos la suerte de que la hora de visita coincidiera con una de estas ventanas, que le pregunté cosas muy específicas y me contestaba completamente consciente. Dentro de las cosas que "hablamos" ese día, esto se grabó en mí como una enseñanza sagrada.

Me acerqué a ella. No era fácil llegar a ella entre tantos tubos que salían de su cuerpo.

Me acerqué a la cama llena de máquinas con sus ruidos incesantes y sus ventiladores que exudaban calor.

A su carita preciosa hinchada, con su pelo rubio, ahora casi blanco, despeinado.

Me acerqué temblando levemente por dentro. Pero estoy segura de que quien me viera de cerca podría haberlo notado. Toqué primero su mano, la única mano que se podía tocar, pues la otra estaba literalmente de color negro y de casi el cuádruple de su grosor normal. La única que no tenía seis agujas y tubos de sangre saliendo de ella. La mano que un único día logró mover para comunicarse conmigo. La acaricié. Con mucho cuidado, pero con firmeza. Quería que me sintiera ahí con ella. Mis ojos se llenaron de lágrimas instantáneamente. Sus ojos estaban en otro lugar. No sabíamos si nos veía o no.

El neurólogo había dicho que, probablemente, los infartos cerebrales causados por la ruptura de su aorta habrían afectado su campo visual, pero que no lo sabríamos de cierto hasta cuando ella estuviera mejor, fuera de peligro.

Sabía que me veía. No sé si bien, o solo con un ojo, o cómo. Pero me veía. Reaccionaba a mí. Quería decirme muchas cosas. Yo las iba adivinando. Con una voz como un hilo, logré poner dos preguntas en mi boca:

—¿Tienes miedo?

—No.

—¿Confías?

—Sí.

No podía hablar porque aún tenía el maldito tubo en la tráquea, pero movía la cabeza para expresarme un sí y un no. Estaba tan lúcida y consciente que sabía distinguir Beethoven de Chopin cuando le preguntamos qué música prefería escuchar. Ella sabía lo que me estaba diciendo.

Le pregunté de nuevo, no vaya a ser que el fentanilo o la morfina o algo estuviera nublando sus palabras.

—¿Tienes miedo?

—No.

Me movió la cabeza con más contundencia.

Como mi tremor.

Era casi imperceptible, pero era muy claro.

Estaba enfatizando.

—¿Confías?

—Sí.

Me quedé mirándola, y con los ojos llenos de lágrimas, le dije que estábamos juntas en esto. Que no estaba sola. Le pregunté también, con miedo a decirlo, si quería seguir viva. Se tardó en contestarme. Tuve mucho miedo. ¿Será un no? Y si es un no, ¿qué hago? Tal vez ya se quedó dormida. Estará ida, ahora sí por las drogas. No quise insistir. Tal vez ella misma estaría preguntándoselo, ahí, en ese estado, con tanto dolor, abierta y mallugada como cadáver de prácticas de estudiantes. Cuando le volví a preguntar ya no estaba tan lúcida. Nunca volvió a estarlo. No así.

Me quedo con las respuestas que sí me dio.

Me quedo con que confió hasta el final.

Ella, cara a cara con la muerte, mirando a los ojos al miedo más primario de los humanos decidió hacer lo más sabio. Tomar el camino de la luz. El camino más difícil. Ya había pasado lo peor de lo peor. No solo estaba entubada, sino que en los días en la unidad de cuidados críticos se le habían sumando máquinas para diálisis constante, perforaciones de pulmones para drenar, dos cirugías de corazón abierto y partes de plástico para reemplazar donde antes había carne y tejido. A qué costo estábamos manteniéndola con vida.

Estaba mal y ella lo sabía. Pero confiaba. ¿Confiaba en qué? ¿En Dios? ¿En su Dios? ¿En nuestro Dios? ¿En el gran plan de las cosas? ¿En que todo es perfecto? ¿En que tenía que estar ahí esos últimos días, viviendo ese dolor y sintiendo eso?

Confiaba en su destino.

Confiaba que todo esto era parte de su camino.

Hoy es jueves.

Es de noche.

Es de día.

Estás en el hospital.

Te dio un infarto.

Llevábamos cuatro días aquí.

Llevamos siete días aquí.

Llevamos quince días aquí.

Llevamos veinte días aquí.

Todos los días le recordaba esto.

También le recordaba que afuera había pájaros.
Sol.
Cielo azul o día triste y gris.
Lluvia.
Noche.
Luna llena.
Luna en forma de sonrisa.
Noches sin luna.

Consolación

Suena a algo que debería ser lógico, pero cuando pierdes a alguien, la lógica no siempre te acompaña, para empezar a sanar fue importante para mí entender que ella no vino aquí —a esta tierra, a su cuerpo, a esta experiencia humana— solamente a ser mi madre. Vino a vivir SU experiencia. Su propia experiencia.

Mucha gente dice: "Se fue la persona que más me conocía, que más conocía mi historia, sabía todo de mí, ¿cómo voy a saber a dónde ir o qué hacer con mi vida ahora?". Pero ella, como todos nuestros muertos, no vino a ser mi brújula, ni mi mapa, ni la guardiana de la historia de mi vida. Porque esto no se trata de mí.

Si dejamos por un segundo de pensar en nosotros y pensamos en ellos, podremos ver con más claridad SU camino y honrarlo. Podremos ver nuestro dolor separado de SU camino y honrarlo también. Y por honrarlo me refiero a sentirlo y atravesarlo.

Muchas personas incluso se aferran al dolor (a veces de manera inconsciente), como si este fuera un último vínculo con su ser querido. Pero esto es falso. Nos vincula (si queremos y lo permitimos) el amor incondicional que les tenemos y este no desaparece solo porque han cambiado de forma. Es incluso normal que la gente que se comienza a sentir un poco mejor, o se permite la alegría durante procesos de duelo, se sienta culpable. Nos da culpa perder ese último vínculo. Pero no es "el último" vínculo. Es el comienzo de una nueva manera de conectar con ellos y con nosotros mismos, e incluso es una puerta que se abre a un camino hacia la más profunda de las conexiones con el TODO.

Es imperante cruzar esta puerta, aun si en el camino dejas la piel. Cuando llegues al otro lado verás que ya no eres el mismo. Existe un proceso de alquimia en el duelo. Se descubre poco a poco el arte de la consolación y de la autoconsolación.

En este proceso, las palabras importan. Hay palabras cuyo significado se reaprende.

Consolación: alivio o descanso del dolor, la pena o la tristeza. Es el consuelo que se brinda a alguien que está sufriendo, ya sea emocional o físicamente.

Duelo: dolor, lástima, aflicción o sentimiento. Demostraciones que se hacen para manifestar el sentimiento que se tiene por la muerte de alguien.

Duelo en vida o *duelo anticipado:* el proceso de duelo que ocurre antes de una pérdida real, en la espera de la pérdida o cuando se prevé que algo doloroso suceda. Cualquier situación en donde la pérdida es inminente.

Autoconsolación: la acción de proporcionar consuelo a uno mismo en situaciones de malestar o aflicción.

Aquí mi autoconsolación. Compartir el dolor.

❄

"Sé que los expertos aconsejan no tratar ciertas dolencias cuando aún son recientes y que afirman que el azote de la desgracia no debería ni asombrarnos ni tomarnos desprevenidos", dice Cicerón, pero inevitablemente la muerte termina tomándonos por sorpresa, y ese asombro se manifiesta espontáneo, como si la desgracia fuera lo último que esperábamos, como si, de alguna manera, todo lo que sabemos de cierto que sucede en términos naturales de muerte y catástrofe nos fuera ajeno y solo le sucediera a "los demás", y nunca, ni en un millón de años, a nosotros.

Así que, cuando finalmente sucede, porque no es cuestión de si sucede o no, sino de *cuándo* sucederá, nos agarra desprevenidos siempre. Lo único certero en la vida nos toma por sorpresa. Los antiguos filósofos griegos y los estoicos afirman que no debería tomarnos por sorpresa, e incluso, que seríamos unos desagradecidos con "los dioses inmortales" si nos enfureciéramos con lo inevitable. Y yo estoy de acuerdo. La mejor manera de enfrentarnos a lo inevitable es con la mayor entereza que podamos encontrar en nosotros mismos. Entereza que, igual que Cicerón, recomiendo encontrar lo antes posible, tratando la dolencia rápidamente para que el dolor y el desgarro del alma que uno siente no se conviertan en algo que nos consume por completo. Encontrar esa entereza en la fragilidad y en la vulnerabilidad que se habita en el centro del remolino de la desdicha, en el centro del huracán del dolor.

En estos momentos de caos y revolución interior se esconde una oportunidad de oro para encontrar las piezas que nos faltan para armarnos enteros. Las últimas piezas del rompecabezas que nos conforma y nos hace enteros de nuevo.

El duelo, repito, es una puerta que, una vez que se atraviesa, te cambia por completo. El reto —y lo más difícil— es no quedarte en el umbral. Ahí, en ese limbo donde el dolor parece eterno, y el vacío, abismal. Dar ese primer paso parece absurdo e, incluso, imposible... pero es ahí donde comienza el camino de regreso a ti. No a quien fuiste, sino a una nueva persona que nace del fuego y la ceniza.

El duelo tiene el poder de transformar todo lo que toca. Aunque a veces no parezca tener sentido. Ni esto ni nada parece tener sentido. Pero siempre que se quiera se llega al otro lado. Se cruza esa puerta. Y como el ave fénix, renacemos de las cenizas... aunque no podamos imaginarlo cuando estamos aún en llamas.

*

Por un instante inmenso
vislumbramos nuestra unidad perdida,
el desamparo que es ser hombres,
la gloria que es ser hombres y compartir
el pan, el sol, la muerte,
el olvidado asombro de estar vivos.

OCTAVIO PAZ, "Piedra de sol"

Todos vamos a morir.

Todos vamos a perder a alguien que amamos, tarde o temprano.

Esto nos une en una especie de hermandad perdida. El duelo es el lenguaje secreto que todos, absolutamente todos, aprendemos sin querer hacerlo. No importa quién seas, dónde hayas nacido o qué hayas vivido: si has amado en algún momento, habrás perdido. Y cuando pierdes te das cuenta de algo: no estás solo. El dolor de perder a alguien nos une en una especie de hermandad silenciosa: una comunidad de corazones rotos que se reconoce en la mirada del otro. El club de los huérfanos.

Cuando le platiqué a uno de mis mejores amigos sobre este libro me preguntó muchas cosas, y entre estas preguntas me dijo que un amigo cercano le había dicho un día que, cuando perdió a su madre, se sintió como si le hubieran quitado el mapa de su vida. Como si le hubieran robado la brújula. Así se sintió la muerte de mi madre y aquellos momentos anteriores a su muerte. Mi madre me decía "mi Alce", y aquí estaba yo, como un venado lampareado.

Así me sentí al principio de todo. La ambulancia, el hospital en esos primeros días en los que el tiempo se estira o se suspende y sus horas se tornan, como diría mi autoproclamado padre Octavio Paz, carniceras. Mi amigo Emiliano me dijo que ahora podría ser parte del "club de los huérfanos". Que si sabía que algunos de nuestros amigos se juntaban una vez al año a dedicarles una comida a los padres muertos de cada quien. Me quedé pensando si, técnicamente, los que perdemos a nuestra madre o padre somos huérfanos, ¿pero no somos huérfanos de una parte esencial todos los que hemos perdido a alguien? ¿Huérfanos de hijos? ¿De hermanos? Huérfanos de un lugar al que llamábamos "casa" en esas personas. Huérfanos de las ilusiones y planes que ya no haremos con nuestras personas. Inclusive podría decir que hasta la gente que no ha perdido aún a nadie es huérfana. ¿No sentimos todos como si una parte esencial nos faltara? Hemos nacido y nos hemos despegado del todo para ser su expresión en solo uno. Huérfanos del todo mientras habitamos este cuerpo. Huérfanos todos. El club de los huérfanos.

Me siento huérfana, como todo el mundo que ha perdido a alguien, pero no necesito una comida al año para hablar de mi madre. Ojalá siga hablando de ella cuando y como quiera. Ojalá nunca necesite una excusa para hacerlo. He pasado de no poder hablar de ella sin llorar y llorar, a hablar de ella con una sonrisa en la boca. La suerte que tengo en la vida que la conocí. Aún está conmigo. En el olor a pasto recién cortado, en los atardeceres en la playa, en el olor a lluvia en el pavimento mojado, en los colibríes que se pasean por mi ventana, en mi gusto por la vida.

Estamos hechos
de ausencias.

Hay algo en el ser humano que siempre busca algo. Que siempre se siente incompleto. No se trata de llenar esa ausencia. Se trata de honrarla. Mientras estemos vivos no estaremos completos. Eso es un hecho. Somos piezas sueltas de un todo al que regresaremos cuando esto termine. El duelo nos recuerda que estamos separados. Pero también nos recuerda que fuimos uno. Todos.

El duelo derriba todas las barreras. Lo único que nos deja es la verdad desnuda de nuestra humanidad. Amamos y perdemos. Pero en esta pérdida nos encontramos los unos a los otros. La herida se convierte en puente. El dolor del duelo nos recuerda que la vida no es algo que atravesamos solos, hay manos dispuestas, si lo permitimos, a abrazarnos; manos capaces de sostener lo que parece insoportable. Incluso si esas manos son las nuestras. Aun si descubrimos que el único abrazo disponible es el que nosotros mismos le damos a nuestra propia alma.

Porque no hay respuestas inmediatas, no hay alivio instantáneo. Ni de alguien más, ni propio. A veces somos solo nosotros, nuestra presencia y nuestra respiración lo que nos contiene y acompaña. Ahí también llega el puente. Siempre sin prisas aparece el puente. El duelo nos enseña algo que quizá nunca aprendimos del todo: también podemos ser refugio para nosotros mismos. Podemos sostenernos en los días en los que nadie más lo haga. La continuación del amor de quienes ya no están en este plano con nosotros es el amor que nos procuramos y nos damos mientras estamos en él. Honrar a nuestra persona es darnos ese amor que nos queda lacerado, ese amor que se interrumpió y creemos que nada ni nadie puede ahora contener.

Es darnos gracia en este momento y compartirlo con quienes lo necesitan, a quienes aún podemos amar de la manera humana que conocemos en este plano en el que vivimos. Muchas veces nos guardamos ese amor cuando alguien que amamos muere y cuando guardamos el amor se avinagra, se convierte en dolor puro al que no le estamos dando otra expresión. El dolor compartido se transforma. El duelo es una puerta alquímica. Una vez más diré que una vez que la atraviesas ya no eres el mismo. Algo dentro de ti cambia, como el plomo que se convierte en oro, como la herida que, sin dejar de ser herida, se lleva ya en la piel como una medalla de valentía y resiliencia. Es una puerta grande, con un pasillo largo; toma tiempo atravesarla, y cada paso a través de ella te va transformando y el duelo empieza a hacer su trabajo silencioso de descomponer, de transformar. Atravesando esa puerta te das cuenta de que el amor no muere con la ausencia, que los lazos tejidos siguen intactos. Y recordar ya no es un ancla que te mantiene atado al marco de la puerta, sino que es un puente hacia una nueva percepción de la vida. Atravesar esta puerta del duelo no significa dejar atrás lo que hemos perdido. Significa aprender a verlo y vivirlo de otra manera. La ilusión de separación se desvanece una vez que cruzas el umbral. En ese instante vemos lo que siempre ha estado ahí: todos estamos caminando el mismo camino, todos hemos amado y perdido, y lo más importante, todos, en algún momento, seremos solo la memoria de amor en el corazón de alguien más.

El duelo nos desnuda de lo superficial, nos recuerda que no somos tan distintos, y las diferencias que parecían enormes entre nosotros y los demás se disuelven cuando el dolor nos toca. En este espacio compartido descubrimos que el amor es lo único que realmente nos pertenece, lo único que dejamos atrás cuando nos vamos. Y en el vacío que deja la ausencia germina algo nuevo: la compasión. La mirada hacia el otro se vuelve más suave, los juicios carecen de importancia y nuestras manos se extienden con más facilidad. Hemos sentido la herida y sabemos lo que significa.

Somos testigos de la frágil belleza de existir.

Compartimos entonces el sol, el pan, el silencio, el dolor, el amor y el olvidado asombro de estar vivos.

Y sí, es cierto: lo damos todo por hecho. Nos olvidamos del milagro que es estar vivos. Damos por hecho que estamos vivos. La vida —enorme y única— la damos por hecho. La vida propia y la de nuestros amores cercanos. Y de cierta manera está bien, supongo. No que esté bien que lo demos por hecho, pero está bien y es normal que no estemos todo el día pensando en lo finito que es todo, pero sí deberíamos, por lo menos, tenerlo en la parte de atrás de la mente. Tener presente que nada es para siempre puede ayudarnos a muchísimas cosas en la vida. Básicamente: puede ayudarnos a vivir mejor.

❄

Se murió mi mamá.

Se murió alguien que amo profundamente.

Pero ¿no es esta la premisa misma de la vida?

¿Cómo es que no sabemos manejarlo de manera que no nos lastimen más nuestras decisiones en estos momentos, decisiones como cómo decidimos tratarnos a nosotros mismos? Somos implacables con nosotros cuando no decidimos darnos gracia en un momento como un duelo en vida o un duelo en la muerte. Somos duros y tajantes con nuestra manera hermética y oscura de mirar nuestra propia mortalidad incluso. Cómo es que exigimos tanto de nosotros o de la situación cuando queremos que cambie la realidad, ingenuos tratando de manipular lo único que es inamovible. Por qué no nos preguntamos más: ¿de qué manera podemos ayudar a alguien que está viviendo este proceso?, ¿cómo es que no estamos más en contacto con esta parte de la vida?, ¿por qué no nos dejamos sentir con los demás a ese nivel, que es el nivel supremo de hermandad entre los humanos, o solo pocas veces nos lo permitimos?, ¿por qué creemos que estamos solos cuando transitamos una experiencia que nos cambia la vida, como la muerte, cuando lo que necesitamos es empatía, apoyo, comunidad, amor, contención?

Nadie, nadie va a sentir nuestro exacto dolor, y lo que uno siente y la realidad a veces no convergen. Para el que le sucede es como si el mundo como lo conocía hasta entonces cesara de existir. Y es cierto: el mundo de ahora en adelante será nuevo y distinto. Es como si el mundo se frenara. Parara de girar. Se detuviera por completo. Pero solo para ti.

Nada tiene sentido. Por lo menos no el mismo de antes. Nos preguntamos cómo todo puede seguir como si nada, por qué siguen andando por la calle las personas como si nada pasara, por qué siguen sus vidas si ya nada tiene sentido. La vida allá afuera sigue su curso. El mundo sigue girando y nosotros estamos en un limbo, en una especie de bardo, en el vacío después de una pérdida, en el momento de transformación caótica donde no existe la certeza y solo existe el proceso de cambio sin invitación previa.

Pasamos por estados de miedo, frustración, incompetencia, incomprensión, injusticia, intolerancia, e incluso creemos que estamos absolutamente solos en nuestro dolor. Pero es crucial que el trabajo tan duro que es pasar por un duelo lo hagamos compartido. Sin juicios. Acompañados, así sea por nosotros mismos. Acompañados de nuestro propio amor por uno mismo. Darnos gracia propia y, si se puede, acompañarnos y darnos el espacio y el lugar como comunidad para que exista un acompañamiento de duelo real, donde a veces es suficiente solo estar en presencia, en silencio, o dar o recibir unas cuantas palabras de apoyo. Así veremos que el duelo es un espejo donde podemos ver nuestra humanidad compartida. Con todos. Para todos. Estar ahí para uno mismo es lo primero. Sentarnos con el dolor. Con cada emoción que surja. Hay que validar cada emoción que nos surja. Las que se consideran normales y las que no. Las emociones que suelen surgir son tan vastas y distintas que parecería que no van juntas en el mismo manojo.

Y luego viene el tiempo.

Es importante saber que el duelo es como el mar, como dicen por ahí, y hay días donde ese mar estará tranquilo y días donde no te avisará y una ola romperá directo en tu cara haciéndote sentir que te tragaste el mar completo, y no hay más remedio que llorarlo para que se seque.

Habrá días malos y otros malísimos. Días en donde levantarse de la cama parece imposible. Días donde llegar a la ducha es equiparable a escalar el Everest. Días donde no le quieres ver la cara al sol o vislumbrar un cielo azul detrás de las cortinas de tu cuarto porque te parece el clima de la maldita felicidad y es algo que no te quieres permitir. Que no puedes permitirte. Y paso a paso. Lento. Pero poco a poco. Vamos avanzando. Un pie abajo de la cama. Luego el otro. Un pie que avanza hacia la ducha, luego el otro. Hasta meternos en ese chorro de agua, a esa agua metafórica que todo lo limpia y todo lo cura. Pero hay que meternos. Obligarnos a meternos. A ir despacio, pero a salir de ese estupor. Paso a paso. Día a día. Lento. O rápido. A tu propio ritmo. Lo importante es salir del estado de *freeze* lo antes posible. El estado de *shock* es un mecanismo de defensa. Nuestro cuerpo nos trata de proteger de un dolor emocional extremo. No está mal. De hecho, es normal sentirse así en eventos límite. Estás amortiguando el golpe.

Sabemos ya que el duelo se ve distinto para cada uno. Antes se creía que se pasaba por las cinco etapas del duelo y después se consideraba duelo patológico o duelo complicado. Ahora sabemos que el duelo dura para siempre. Que no termina. Termina la parte de las cinco etapas, pero el duelo sigue ahí siempre.

Termina la expresión del dolor, pero no el dolor mismo, que incluso se puede volver un acompañante en la vida o un fuego interior o un guía. Cada uno lo transforma como quiere y puede. Solo que, ojo, si este proceso está deteriorando la vida de alguien y se encuentra atascado, habría que buscar más ayuda para procesar el duelo de manera que no le lastime tanto.

¿Qué le pasa al cuerpo cuando pasamos un duelo, que se nos desacomoda todo por dentro? La pérdida de un ser amado desencadena una respuesta de estrés en el cuerpo mediada por el eje hipotalámico-hipofisario-adrenal (HHA). Esto provoca que aumenten los niveles de cortisol, que a veces llamamos "la hormona del estrés", que prepara al cuerpo para lidiar con la situación que estamos atravesando, pero también nos genera una sensación de aturdimiento o un bloqueo emocional. Se altera también el proceso cognitivo. El cerebro lucha por integrar la nueva realidad en su esquema mental, generando una sensación de irrealidad o negación.

Me pondré técnica o anatómica. La amígdala es la responsable de nuestras emociones; el hipocampo procesa nuestros recuerdos, y estos dos amigos están particularmente involucrados tratando de manejar el impacto emocional y contextualizar la pérdida. Así que así es como se ve el estado de *shock* inicial después de una muerte.

En esta historia, para mí el *shock* inicial fue cuando llevé a mi mamá al hospital porque le estaba "dando un infarto" frente a mí. Ese *shock* es un estado temporal. Va a pasar, igual que todo, y pasaremos a otros estados del duelo. Pero hay veces en las que este proceso de adaptación de la pérdida o del trauma puede durar más de lo deseado y nos atoramos en un estado en concreto. La clave es saber que hay que transitar todos los lugares, todos los espacios emocionales. Atravesarlos y dejar que nos atraviesen.

Y entonces habrá días mejores también. Días incluso buenos. Días donde puedas abrir las cortinas de tu cuarto y mirar el sol y el cielo azul y decirte a ti mismo: "¡Qué bonito está el día!, seguro le habría gustado a mi mamá". Y te tomará por sorpresa. Pero en realidad habrá sido el resultado de haber atravesado el infierno de extrañar a alguien, el lugar tan árido donde no cambia el amor que tenemos por la persona, pero ya no podemos encontrar su cuerpo en el tiempo ni en el espacio. Una paradoja que el cerebro tarda en entender: mis sentimientos por esa persona están intactos, sin embargo, esa persona ya no existe físicamente. Acomodar eso que parece inaceptable. Pero sí —un buen día— se integra. Un día, el cerebro entiende cómo es esto posible y entonces se puede atravesar el duelo. Mas no terminarlo.

Un día agradecerás haberte permitido sentir en toda la extensión de la palabra. Agradecerás no haberte atorado en una sola emoción. Sentir todo es una de las maneras que tenemos de honrar que estamos vivos. Es un trabajo duro, nadie dice lo contrario. Un trabajo de todos los días. Un trabajo silencioso muchas veces, y muy estridente otras muchas, y es un proceso por el que todos tenemos que atravesar. Y si lo atravesamos juntos —contándonos nuestras historias, sosteniéndonos en el silencio, en el llanto, en la risa inesperada e inexplicable, en los momentos difíciles—, solo así tendremos más herramientas para que nuestra mente y espíritu empiecen el camino de integración. Para que entonces ese bardo se convierta en crisis y le demos permiso de que comience la metamorfosis inevitable del duelo.

Encontrar una verdad más profunda durante esta etapa es complicado, pero es lo que nos pide el movimiento natural del estado interior que provoca el duelo. Nos obliga, estemos de acuerdo o no, a cuestionarnos, a movernos de lugar.

Estos momentos de transición interior se navegan mejor cuando nos damos permiso de tener curiosidad. Curiosidad por la vida, por la muerte, por el otro, por nosotros mismos. Debemos bajar la guardia y dejar que la vida nos muestre la unidad del todo. No estamos ni estaremos solos. Somos uno. Aunque suene trillado. Somos el pulso de la vida que se manifiesta en un cuerpo humano por unos instantes que se nos antojan eternos y, finalmente, regresaremos a ser uno con el pulso cuando nos vayamos de este plano.

Pero esto...
... este dolor...
... esto es el amor.
El espectro completo.

Duelo en estos tiempos

Me parece muy complicado atravesar un duelo en un mundo hipermaterialista donde todo y todos tienen prisa y, si no eres "productivo", no sirves o no te quieren cerca porque "estorbas".

El doctor Gabor Maté en su libro *El mito de la normalidad* aborda la problemática de vivir en una sociedad que él describe como egocéntrica y tóxica. Gabor dice: "En una cultura tóxica, el duelo no se honra. En lugar de permitirnos sentir y procesar nuestras pérdidas, se nos dice que las superemos, que sigamos adelante. Esto no solo nos desconecta de nuestras emociones, sino que perpetúa el sufrimiento".

Si seguimos fomentando los valores que nos llevan a priorizar el individualismo y el éxito material solo estamos generando una desconexión abismal entre nosotros, así como una desconexión de nosotros mismos. La prisa que tenemos por atravesar los momentos difíciles de la vida es proporcional al nivel de desconexión que existe entre el ritmo natural de nuestra psique y nuestro cuerpo, y el ritmo impuesto por la cultura que nos obliga a sentirnos rezagados si no continuamos la vida a su paso veloz. La mayoría de la gente quiere que atravieses el dolor lo más rápido posible y, de ser posible, no muy cerca de ellos, pues esto les recuerda su propio destino: que ellos —que todos— también tienen —tenemos— una cita con la muerte. Hay una profunda desconexión entre el ritmo biológico y el ritmo social. El duelo puede durar días, meses, años. Sin embargo, hay una expectativa de que hay que volver a la "normalidad" para continuar siendo productivos. Está todo de cabeza. Se nos "apresura" de maneras silenciosas a "estar bien", vemos gente en redes que nos sugiere "no rendirnos" y "seguir adelante". Y todo consejo bienintencionado es bienvenido, pero generalmente no es este su fin, simplemente es el reflejo de un mundo al que no le sirve el que está doliendo. Porque el que duele está *offline*. Está en sí mismo y no en el mundo. Está entendiendo que existe otro mundo más allá de lo superficial. Están estigmatizados el dolor y la vulnerabilidad prolongados. Como he dicho, el duelo es un proceso que, por naturaleza, requiere apoyo social, tener rituales compartidos, comunidad. Pero el capitalismo y sus redes sociales, y la manera como nos relacionamos unos con otros de maneras falsamente cercanas y sí, muy distantes, nos enfrentan a un aislamiento, a que tengamos que enfrentar mucho de nuestro duelo en soledad.

Este aislamiento dificulta la expresión emocional y nos profundiza el dolor. Nada que sobreobstaculice el proceso de duelo puede ayudarnos a sanar. Tenemos que dejarnos sentir todo lo que tenemos que sentir y no apresurarnos a sanar solo porque la prisa de nuestra cultura nos conmina a ello. Si vamos lento o rápido que sea por nuestro propio proceso y no porque estamos cayendo en el juego de la productividad de nuestros tiempos.

Es difícil tomarte tu tiempo para procesar todas las emociones y vivir un duelo en un mundo así de tóxico.

El duelo es un proceso que requiere de tiempo, aceptación, apoyo y espacios físicos y mentales designados a que lo atravesemos con las mayores herramientas posibles. Cuando murió mi mamá, recuerdo haberle dicho a un amigo que no podía creer que los muy ricos de este planeta estuvieran tratando de ir a poblar Marte y que no estuvieran fondeando investigaciones científicas sobre la muerte. Nos pasa a todos y, sin embargo, no sabemos casi nada sobre el tema. Lo mismo con el duelo. Hay información, pero no lo enseñan en los colegios, y pocas veces nos lo enseñan en casa antes de que suceda una inevitable pérdida.

Es una de las razones por las cuales escribo. Mientras más personas compartamos nuestras experiencias con el duelo y la muerte, más vamos a normalizarlo. A apoyarnos. A entendernos. A abrazarnos.

Además, el duelo, como ya lo sabrás o habrás leído, se ve distinto para cada persona. La genial doctora Elisabeth Kübler-Ross acuñó las cinco etapas del duelo:

- Negación: es el rechazo inicial a aceptar la realidad de la pérdida y se puede manifestar como incredulidad. También es un mecanismo de defensa del inconsciente o un intento de protegernos del dolor emocional que puede llegar a ser abrumador. Ejemplo: "Esto no puede estar pasando".
- Enojo: cuando comenzamos a aceptar la realidad nos encontramos con sentimientos como frustración, una sensación de injusticia y mucho enojo. Alguien puede quedarse años "enojado con Dios" o con el universo por haber permitido algo semejante; así como alguien puede solo sentir ese enojo rápidamente e incluso dirigirlo, digamos, a una enfermera que no supo poner una gasa de la manera "correcta", o hasta te enojas con un libro como este por atreverse a intentar decirte qué sientes y cómo mejorarlo —cosa que nadie intenta cuando escribe, solo escribimos para no sentirnos solos, para que cuando

lo leas sepas que aquí estamos: alguien como tú que está dándote la mano para transitar cosas importantes y duras junto a ti—.

- Negociación: aquí se trata de negociar —con Dios, con el destino o como decidas llamarle al campo fuente—. Se negocia para revertir la pérdida, e incluso tenemos también pensamientos hipotéticos y un sinnúmero de historias inventadas por nuestra ansiedad con deseos de cambiar el pasado. Si hubiera salido antes hubiera visto el auto a tiempo. Si no hubiera parado por ese café ahora estaría viva... etcétera.
- Depresión: este estado es uno de tristeza profunda, de desesperanza, de miedo y, muchas veces, de parálisis o *freeze*. Aquí es donde no nos queremos levantar de la cama ni para bañarnos. Lloramos mares y sentimos una sensación de vacío y de aislamiento indescriptibles. El dolor enmascarado: el dolor en toda su magnitud.
- Aceptación: en este momento hacemos las paces con la pérdida. No significa estar bien ni dejar de estar en duelo. No significa estar feliz. Es entender que la muerte es parte de la vida. Es ver todo con los ojos de la fuerza superior. Lograr ver con los ojos del universo mismo, de Dios. De la unidad absoluta. Duele, sí, pero esto es estar vivo. Que a veces duela tanto es estar vivo.

Elisabeth enfatiza que estas etapas pueden vivirse de manera distinta en cada uno, es decir, en un orden distinto y en periodos de duración en cada una de las etapas distintos para cada quien. Se pueden omitir etapas o incluso repetir durante un duelo.

A mí me gusta tener información. De todo lo que pueda. Mientras más información tengo más siento que me puedo mover con libertad en la vida. Estas etapas son como un mapa muy simple de un territorio de emociones muy complejas. No es tan sencillo como suena y tal vez faltan por ahí varias etapas por descubrir, incluso hay terapeutas contemporáneos expertos en el tema que afirman que estas etapas aplicadas al duelo no son tan benéficas para el doliente. Pero lo cierto es que esto me ha ayudado a poner palabras en mis duelos, o incluso en los de los demás, desde antes de que estuviera atravesando el de mi madre. Solo que aquí hay un problema: estos pasos parecen simplificar algo muy complejo. Si bien nos encanta que nos simplifiquen las cosas y nos entran más fácil a la cabeza de esta manera, el duelo es de esas cosas que son imposibles de simplificar. La doctora Kübler-Ross, de hecho, acuña estos términos en su libro de 1969, *Sobre la muerte y los moribundos,* para —y con— la gente que está en el proceso de aceptar su propia muerte. Ella comenzó a ayudar a la gente a irse "en paz": los escuchaba y guardaba sus historias. Con el tiempo, y sus múltiples investigaciones, encontró que todos coincidían en vivir estas etapas *a priori* a su muerte. Fue después que también se comenzaron a utilizar estas herramientas para el duelo, y ella abrazó esta expansión y la colocó en su libro posterior. Son una buena base, una primera guía, pero seguir solo este modelo que está incompleto y sobresimplificado no nos sanará del todo. Debemos entrar más profundo y descubrir cómo se ven estas etapas para nosotros, qué otras se añaden y cuáles se suprimen.

Con el tiempo han surgido otros modelos más orgánicos y humanos, no tan esquematizados, que permiten ver el duelo de manera plural, así como profundamente personal. Uno de los que más me gusta es el proceso dual de Stroebe y Schut, que dice que el duelo no es estar todo el tiempo sumergido en la tristeza, ni tampoco escapar de ella. Dicen que es una oscilación. Un ir y venir constante entre estos dos mundos: el del dolor y la pérdida, y el de la vida que sigue. Oscilar. Así es.

El vaivén del mar, el agua agitada en un momento y la calma en el siguiente. Llorar hasta reír y reír hasta llorar. Robert Niemeyer propone reconstruir un significado personal ante la pérdida que nos regala una crisis existencial, una crisis de sentido, significado que ahora se integrará a una nueva historia de vida. No hay una talla universal en cuanto al duelo. Lo cierto es que es en estos momentos en donde lo más primitivo de nuestro ser sale, y con eso no solo me refiero a los mecanismos de supervivencia o a los llantos y gritos desgarradores de la tristeza, sino a nuestra intuición. Ahí no hay pensamiento, análisis, fórmulas o métodos. Ahí habita nuestra verdad, la que reprimimos constantemente para escuchar las voces de afuera. Al bullicio de la gente, al deber ser.

No "debe de ser" de ninguna manera.

Todo es a medida y solo uno sabe su medida. En el fondo sabemos. Aquietándome, callando el bullicio externo, puedo escucharme y saber qué es lo que realmente necesita mi alma. Pero solo habitando el silencio puedo escuchar la voz tan sutil de la intuición. Silenciando las voces que habitan en mi cabeza.

"¿Cómo estás?". La mayoría de la gente no sabe qué decir

Durante este periodo de mi vida, con mi mamá en el hospital, y después cuando murió, así como durante las semanas posteriores al entierro, la gente me preguntaba: "¿Cómo estás?". Genuinamente. Por teléfono. Por texto. En persona.

¿Cómo estoy?

Qué importante pregunta y qué difícil contestarles honestamente a todos los que la preguntan en esos momentos. No parece el mejor momento para hacerla, sin embargo nos interesa saber genuinamente cómo están los seres que amamos que están pasándola mal o cómo está alguien que está viviendo algo que tal vez no te ha tocado vivir y quieres ir testeando las aguas de cómo te sentirás tú cuando te suceda.

Es la pregunta por excelencia, sin embargo, por alguna razón resulta muy incómoda cuando te la preguntan. Excepto si cuando lo hacen ya ha pasado tiempo, entonces responderla toma totalmente otra perspectiva. Pero durante un duelo en vida o durante lo más espeso de un duelo es... incómodo, por decir lo menos. Cuando me hacían esta pregunta mientras mi madre estaba muriendo en el hospital, me impactaba recibirla y ¡wow!, mmm... El noventa y nueve por ciento de las veces me quedaba muda unos segundos, cuestionándome si la persona que me lo había preguntado había pensado realmente su pregunta antes de hacérmela o si lo preguntaba como una pregunta de rutina social. Entiendo que cuando alguien está atravesando un momento difícil las interacciones sociales se vuelven incómodas y complicadas, pero ¿preguntarle a alguien cómo está en esos momentos?, ¿en serio? Muchas veces la gente no lo hace conscientemente, pero para el que la recibe se percibe como una pregunta genérica que no refleja un interés genuino. Imposible, o casi imposible, responder de una manera genuina, así que el noventa y nueve por ciento de las veces me salía el clásico: "Estoy bien", pero con un "supongo" añadido al final y un ligero tono de pregunta que se desvanece:

"Estoy bien, *¿supongooo?"* (así, con las últimas letras haciéndose pequeñas e imitando el sonido que se desvanece).

¿Cómo puede uno responder a una pregunta así, en un momento así de la vida?:

Estoy que me lleva la chingada.

Estoy en un hoyo negro.

Estoy mal.

Estoy en el limbo.

Estoy en shock.

Estoy llena de emociones nuevas que se revuelven y se convierten en una sola que no sé cómo se llama, ¿"duelo", se llama?

Estas conversaciones las tenía con mis amigos más cercanos, tal vez con uno o dos de ellos, pero no con el *grosso* de la gente con quien, si bien quiero y conozco, no podría haberme abierto a ese nivel todo el tiempo que me encontraba a alguien y me preguntaba cómo estaba, simplemente no podía darme ese lujo. Ese lujo está reservado para momentos donde podemos bajar la guardia, ser vulnerables de nuevo y apoyarnos en alguien, pero la mayoría del proceso de atravesar el principio de un duelo en vida, como nos pasó a nosotros que estuvimos en el hospital —que estuvimos *muchos* días en el hospital—, es un momento para atravesar lo que vaya viniendo emocionalmente y no para reflexionar. Eso puede suceder, claro, pero generalmente reflexionar toma, o debería tomar, su tiempo, y estos son momentos para atravesar, no para quedarse en ellos.

Es evidente que la gente pregunta para apoyarnos. Pero erran sin saber. "Ya sabes cómo estoy", debí haber contestado.

Todos los que hemos vivido una pérdida sabemos cómo está alguien que ha vivido una pérdida: pasando un mal momento emocional, por decir lo menos. Extrañando. Intentando con todas sus ganas comenzar a entender que sucedió.

Estoy atravesando esto. Día a día. Paso a paso. Sobreviviendo.

Además, es como si la sola pregunta viniera con una bomba de tiempo. "¿Cómo estás?" generalmente está llena de una falsa empatía que encierra un rápido "vas a estar bien" detrás. Y nadie quiere escuchar eso cuando está atravesando un duelo, por lo menos no en el momento inicial. Lo mejor y lo peor de todo es que vamos a estar bien. Pase lo que pase. Aprendamos a estar ahí para los demás, así como nos gustaría que estuvieran para nosotros. De las maneras que podamos, pero siempre con conciencia del otro. Aunque la gente a nuestro alrededor no sepa hacerlo bien, es muy importante tener en cuenta que lo están haciendo lo mejor que pueden. Y así como ellos nos estarán teniendo mucha paciencia y empatía, nosotros tenemos que tenerla con ellos. Es hermoso y triste a la vez ver cómo tratamos de estar ahí para la gente en esos momentos, pero no tenemos las herramientas para estar realmente.

Acompañar. Qué tal si me hubieran dicho (que muchos de mis amores lo hicieron): "Aquí estoy para ti si necesitas algo", "Pienso en ti", "Hablemos cuando tú quieras", "¿En qué puedo ayudarte?".

Escuchar. La gente que está sufriendo la mayoría del tiempo solo quiere ser abrazada, escuchada. Solo quiere presencia, aunque esa presencia no se pueda manifestar físicamente. Tener la certeza de contar con una red de apoyo emocional. Esto, para mí, fue crucial. Alguien podría no siempre estar ahí físicamente para mí, o había días en los que prefería estar sola, pero siempre tuve la certeza de que me acompañaban mis amores en mi proceso. Eso es invaluable. La gente que te ama te tendrá paciencia y, sobre todo, no te va a juzgar.

La gente juzga de manera inconsciente todo el tiempo. Gente cercana, de tu círculo dos y tres y cuatro y toda la demás, digamos, esa gente que te pregunta: "¿Cómo estás? Ay, vas a ver que vas a estar bien muy pronto..." sin conciencia, esa gente cree que su manera de hacer las cosas es la única y la mejor. Ese juicio que emiten a veces tiene forma de lección. Por ejemplo, mientras mi mamá estaba en el hospital y me iban a ver, si no lloraba en nuestra corta y pequeña interacción, me podrían decir, de manera inconscientemente condescendiente: "Llora, tienes que sacarlo" y cosas como: "Un buen duelo es largo, prepárate...".

La gente parece que se atreve a decir —te dirá— cualquier cantidad de cosas. No caigas en lo que la gente cree que es "un buen duelo". No caigas en escuchar a la gente decir: "Te está costando demasiado tiempo superar tu pérdida" o "Te recuperaste muy rápido", o ese tipo de cosas.

Nadie sabe qué decir en momentos así. Y los que saben no te dirán nada parecido a esto y te apoyarán en tu proceso personal y te darán herramientas para superar el inevitable dolor un poco más armado, para que atravieses ese momento lo mejor posible. Como dicen varias filosofías orientales como el budismo: "El dolor es inevitable, pero el sufrimiento es opcional".

Yo he tenido un duelo muy distinto a lo que la gente se imagina, y la gente, especialmente en las redes sociales, puede ser muy cruel cuando opina sobre los procesos y la vida de los demás. No caigas. Nadie sabe lo que estás haciendo realmente y nadie debería opinar. A menos que sea tu terapeuta o la gente que te ama y es objetiva, entonces sí escucha. Pero la verdad es que todos estamos haciendo lo mejor que podemos con las herramientas que tenemos, y eso para algunos se ve mejor que para otros. Así que no caigas en provocaciones y ve a tu ritmo, como sea que eso se manifieste. Como sea que eso se vea. Siempre y cuando sientas que avanzas —así sea a paso de caracol— vas por buen camino. Mi premisa es pensar bien de la gente siempre hasta que me demuestren lo contrario, así que en cada interacción que he tenido en mi duelo siempre trato de pensar que la gente está haciéndolo por amor e interés en mi bienestar genuino, y si algo de esta interacción me dispara un sentimiento fuerte, como es el pequeño caso del "¿cómo estás?", lo veo como algo mío. ¿Hay algo en mí entonces que no se expresa libremente cuando responde? Entonces la vez que se me escapa el enojo y termino por responder con un "¡¿cómo quieres que esté?!", logró darme cuenta de que este enojo no va dirigido hacia la dirección correcta, sino que va completamente a otro lugar. Sí. Hay que ver qué es de cada quien en cada interacción, y de esa responsabilidad de lo propio se crece y se aprende. A veces les proyectamos a los demás nuestro dolor, que sale en formas inesperadas, como el enojo irracional ante una simple, compleja y hermosa pregunta. Todas las interacciones nos enseñan quiénes somos y no tiene tanto que ver con la persona de enfrente, sino con lo que genera en nosotros. Es algo digno de verse y de descubrir cómo liberarlo. Toda la gente que está en nuestra vida, si nos damos realmente la oportunidad de mirar bien, son nuestros maestros. Es dentro donde hay que mirar. Esos lugares que permanecen en la oscuridad tienen que salir a la luz para mirar quiénes somos realmente y qué emociones están guardadas y necesitan salir para sanar.

Cuando queremos consolar a la gente, las palabras a veces son insuficientes. Cuando mi madre estaba muriendo, mis amigos estuvieron ahí para mí de maneras que nunca pensé que necesitaba. Mi cabeza estaba en otro lado y se me olvidaban cosas tan básicas como ir al supermercado o gestionar cosas de dinero del hospital. Incluso ir por cambios de ropa a mi casa. Nunca pensé que alguien que me ama podía demostrármelo con algo como hacer un supermercado para mi casa ni mucho menos que eso me hiciera sentir tan amada y contenida en un momento como el que estaba atravesando.

El espectro de consuelo es inmenso, y hubo veces en las que había algo mejor que las palabras de aliento: sus acciones. Claro que las palabras nos consuelan, pero hay acciones que curan el alma. Mis amigos se anticiparon a mis necesidades más básicas; formas de amor que yo no sabía que necesitaba y que me reconfortarían de esa manera tan contundente. El consuelo llega de maneras distintas de parte de cada persona que lo proporciona, pero si algún día nos toca dar en lugar de recibir, que sepamos que el amor se demuestra de muchas maneras, y un abrazo, unas palabras, el silencio y nuestras acciones forman parte de un paraguas de consolación con el que podemos cuidar y ser cuidados.

De todas formas, mi consejo es que nunca le preguntes "¿cómo estás?" a alguien que acaba de perder a alguien que ama.

Teletransportación

Uno nunca puede atravesar un duelo y terminar en el mismo lugar. Si avanzas por las emociones —y las atraviesas—, llegas a otro lugar. A uno distinto. No sé si *mejor.* Esa, definitivamente, no es la palabra. Pero sí a un lugar donde hay más entendimiento, más paz y más verdad. Esa sensación de soledad se transforma. Y te sabes acompañada de una manera casi inefable. Como dice la escritora mexicana ganadora del premio Pulitzer, Cristina Rivera Garza, en su libro *El invencible verano de Liliana:* "Vivir el duelo es esto: nunca estar sola. Invisible pero patente de muchas formas, la presencia de los muertos nos acompaña en los minúsculos intersticios de los días... Este es el trabajo del duelo: reconocer su presencia, decirle que sí a su presencia... el duelo es el fin de la soledad".

Qué poderoso, contundente y verdadero. El duelo es el fin de la soledad. Pero para llegar a esa realización se tiene que pasar por una profunda soledad y por una profunda tristeza. Mi hermana la llama "la parte egoísta del duelo". La parte donde extrañas estar cerquita de ese cuerpo. Hablar de cosas que solo entre ustedes hablaban porque se entendían a la perfección, porque se conocían como nadie. Escuchar su voz. Tocar su mano. Acariciarle el pelo. Comer juntos, viajar juntos. Reírse de cualquier cosa que solo a ustedes dos les parecía chistosa. Todo lo que extrañamos es lo que a nosotros nos hace falta —a nosotros— de ellos.

Ellos ya están en donde todo existe, donde nada hace falta. Ellos están ya en la génesis del todo. Ellos están liberados de este cuento, de estas historias, de estos personajes, de este plano en el que vivimos con esta conciencia limitada. La parte egoísta no es llamada así porque sea una parte de la que debemos sentir vergüenza o porque sea una parte "mala" del duelo. Simplemente me refiero a la parte del ego que hace referencia a lo propio. "Ego" proviene del latín *ego* que significa "yo". *Yo* te extraño mamá. *Yo* quiero verte y platicar contigo de mi vida y de la tuya. *Yo* quiero pedirte consejos cuando estoy atorada con algo. *Yo* quiero dejar a mis hijos contigo para que les eches un ojo mientras no estoy. *Yo*. Quiero. *Yo. Yo. Yo.* Debemos salir del "yo" en cuanto podamos. En cuanto se pueda, cuando nos lo permita el sentir. Salir del agua y respirar. Respirar sabiendo que ese nuevo aire lleno del nuevo entender puede hacernos sacar la cabeza del agua cada vez por más y más tiempo. Hasta salir de ese pantano de tristeza del yo y sabernos respirando de nuevo el aire de la realidad verdadera. Del hiperrealismo. La verdad que nos plantea esta hiperrealidad es la verdad de la unidad; sabernos finitos. Entender nuestro lugar en el gran esquema de las cosas. Conectar con el campo fuente. Salir de lo que normalmente llamamos "realidad", que más que la realidad es una ficción materialista donde se nos olvida lo esencial, lo importante, lo imprescindible y verdaderamente real... nuestro espíritu y el de los demás. Teletransportarse del mundo del yo al mundo del todo(s). Volver a conectar con lo espiritual es de crucial importancia en momentos como la muerte. Un momento lleno de verdad. De conexión con el campo fuente. Creo que es algo que naturalmente sucede cuando estás en este camino del cambio durante el duelo, claro, siempre y cuando uno esté dispuesto a estar abierto de mente para convertir la oscuridad en luz. Uno está como en una especie de trance cósmico cuando atraviesa una gran pérdida. Hay preguntas que nos hacemos todos los humanos, de cualquier religión o idiosincrasia, que siempre, no importa cómo, nos llevan a las mismas respuestas. Respuestas que revelan que no hay respuestas concretas, que estamos todos en el mismo barco y que vamos todos al mismo puerto. Inevitablemente te sientes parte de algo más grande que tú. Existen dos perspectivas: hay gente que lo recibe con temor y abismamiento, y hay gente que aprovecha para que esto se convierta en una oportunidad natural de conectar con el mundo que apenas conocemos, el mundo espiritual. Si decides ir por ese camino, se abre una compuerta nueva en la mente donde todo cabe. Se acomoda el espíritu, "los" espíritus en lugares de prioridad y no se les deja rezagados como de costumbre.

La perspectiva es una cuestión de prioridades.

El duelo es tan pesado porque carga una fuerza enorme de transformación. Una fuerza que nos lleva a crecer y a renovarnos. A menudo, el dolor provoca percepciones más profundas sobre la naturaleza de la existencia.

Tuve un momento de claridad cuando mi mamá estaba en el hospital después de que en la ambulancia me dijera algo que me cimbró. El impacto de sus palabras en la ambulancia, tan tranquila ella y sus palabras tan apacibles, fue tan fuerte que alteró mi perspectiva, mis emociones, la manera en la que me abrió los ojos para darme cuenta de que podía decidir ver el mundo de otra manera: una manera más valiente. Elegí vivir mi duelo desde la luz.

Obviamente no hablo de que transité mi duelo solamente desde la luz, la pura luz, puro Disney/Titilandia (así le decíamos a mi mamá, Titi, y le decíamos que vivía en un lugar como Disneylandia donde todo era hermoso y feliz). Hablo de una perspectiva más realista, pero totalmente consciente. Luz como base. Aferrarse a lo espiritual, aun si lo carnal, terrenal, mundano, te quiere comer. Que me coma, pero que me escupa siempre del lado donde yo elijo estar. Que me escupa en el lugar de mi elección. Por convicción elijo transitar la oscuridad desde una perspectiva que no me lastime más de lo que ya estoy lastimada. Desde una perspectiva realista, sin embargo arraigada a los valores y principios con los que me identifico. Ser suave, ser amable conmigo. Transitar la oscuridad desde la luz. Porque una vez que se pasa por el primer momento de *shock* inicial, creo que el duelo se puede vivir desde la luz o desde la oscuridad. Pienso que es una decisión. Así como con todas nuestras vivencias en este mundo, tenemos siempre una decisión. Atorarnos o fluir. Dejar ir o aferrarnos. Sentir rencor o sentir agradecimiento. No estoy diciendo que sea fácil elegir el camino de la luz, pero sí estoy diciendo que a la larga es más fácil vivir desde ese lugar— o tratar de hacerlo, por lo menos—. Existe otro lado desde donde podemos vivir y atravesar los desafíos de la vida. La vida y sus experiencias ya son de por sí muy intensas como para añadirles hacer de nuestra mente un enemigo. Practicar la autocompasión sin el elemento de victimización.

Cuando dejé de ser católica también dejé a un lado la práctica de la autoflagelación. Mi madre me enseñó que puedo atravesar el infierno conectada a mi espíritu. Conectada. Con conciencia. Ese es el ingrediente secreto. La conciencia. Así que, una vez que atravesé el momento de *shock* inicial, empecé a trabajar en mantenerme alerta a mis sentimientos, observarlos de cerca, con curiosidad, sin juicios.

Mantenerme alerta para cacharlos cuando se iban al lado oscuro. Aquí es donde mucha gente me dice: "Pero no puedo hacer como que todo está bien, no puedo negar lo que siento o que estoy en un muy mal y oscuro momento". Nadie dijo nada sobre no sentir. Hay que sentirlo todo, todo. Lo bueno y lo malo. Pero no hay que dejar que el caballo de la mente se quede mucho tiempo sin jinete, a eso me refiero. Piensa en tu mente como un caballo. Fuerte, veloz, valiente, y ahora piensa en tu conciencia como el jinete. Este lo guía a donde el caballo tiene que ir, no a donde quiere ir. Si dejamos al caballo sin jinete mucho tiempo se va galopando ferozmente hacia la oscuridad. No dejes al caballo sin jinete, mucho menos en estos momentos. El caballo necesita que lo estés guiando constantemente, y cuando me distraigo —cuando se me desboca—, que es normal y sucede, me subo de nuevo y lo guío a donde yo quiero que vaya. El lugar oscuro donde estamos por *default* en este momento— porque así ocurre la vida a veces— es suficiente como para encima añadirle la oscuridad extra que pueda suscitar el caballo de una mente sin jinete. Cálmate, caballo. Le digo que no tiene que buscar más oscuridad, que no hay que buscar más escenarios catastróficos, que solo hay que atravesar este momento, así como es, y tratar de salir del otro lado. Me permito sentir. Siento todo. Lo que se siente bien y sobre todo lo que se siente mal. Hay mucho de eso. Pero no le huyo. Lloro mucho y en los lugares más extraños y sorpresivos, *random*, y con la gente que jamás esperaría que me viera así, a veces hasta con extraños. Esperando un café en un sitio. Mientras arreglan las llantas del auto. En la cama debajo de las cobijas. Con mis amigos. Con mis hijos. Sola. Se llora mucho. Pero así también se limpia. Agua salada, límpiame.

Cuando me asaltan los pensamientos intrusivos entonces... cuando mi mente está jugando en mi contra y fraguando algún escenario irreal donde todo sale peor de lo que está ocurriendo en realidad, sé que es cuando mi mente empieza a activar mecanismos de defensa que a mí ya no me funcionan, como la ansiedad o el *freeze.* Mecanismos de defensa que en algún momento fueron mis aliados, cuando era más pequeña y tenía que soportar las golpizas de mi padre y no podía escapar. O cuando me dieron una noticia muy grave sobre la salud de mi hijo y yo no podía explotar porque él me necesitaba fuerte, y que se convirtió años después en ansiedad. Estos son solo dos ejemplos de mecanismos de defensa que tengo y he tenido que trabajar para mitigar ahora con mi madurez, ahora que ya no los necesito para protegerme. Pero todos tenemos los nuestros y debemos hacer una limpieza, así como hacemos limpieza del clóset y sacamos ropa que ya no nos queda o cosas que ya no sirven. Igual. De tanto en tanto, hay que reevaluar las herramientas que tenemos para protegernos y ver si no son las mismas que están perpetuando algo que aún nos lastima. Así que me mantengo atenta para detener a mi mente cuando quiere irse como caballo desbocado.

Recordar:

Respirar profundo.

Procurarme.

Tener flexibilidad de pensamiento.

Contactar con mi niña interior.

Ser suave.

Ser suave conmigo.

No apretar los dientes.

Decir lo que siento.

No estancarme en sentimientos negativos.

No estancarme en ningún sentimiento.

Respetar el flujo del universo.

Fluir con él.

Enfocarme en la verdad real y no atorarme en la 3D.

Saber que hay algo dentro de mí que está siempre en paz y es inamovible.

Que somos parte de algo más grande.

Que somos espíritu.

Somos cuerpo y espíritu, y el cuerpo casi siempre gana todas las batallas. Pero en estos momentos es donde tocamos la verdad, la realidad, es cuando el espíritu se hace más presente. Cuando nos salva. Nos libera de esta superficie en la que cotidianamente habitamos y nos conecta con las profundidades de nuestro ser. El ser que está conectado a todo y a todos. El ser que siente amor y dolor sin juicios del bien y del mal. Eso es lo que somos. Somos dualidad y se nos olvida un lado casi siempre. Pero cuando conectamos con ese lado, con el ser, cosas muy mágicas suceden.

El precio del amor es el dolor

El dolor que sentimos cuando el amor "termina" nos asfixia y nos duele como si el dolor incluso fuera físico.

Pero el amor no termina nunca. Ni comienza.

El amor es. El amor somos.

Vivir desde el amor. Eso. Diario.

El amor nos une. Sabernos cómplices en el amor —que es el dolor del duelo— nos conecta como especie.

No estamos solos en nuestro proceso y es hermoso acompañarnos.

Hace unos días, una mujer se me acercó en una tienda de plantas donde yo estaba con mi hermana recogiendo unas flores de lavanda que plantaríamos en la tumba de mi mamá para "celebrar" su mes de haber trascendido.

La mujer se bajó de su camioneta con la cara de alguien que acaba de ver un fantasma. Fantasma que, me parecía, era yo. Se me quedó viendo y me preguntó si yo era yo. Me dijo que venía en su auto casi llorando, pensando en su madre que había muerto hacía más de un año y que le crucé por la mente. Me dijo que casualmente había visto una historia de mi Instagram donde yo reflexionaba algo referente al duelo y la muerte de mi madre, y que tuvo el pensamiento fugaz de querer encontrarme para preguntarme qué había hecho yo para atravesar el duelo. ¿Cómo era posible encontrar la luz?

Nada es casualidad. Somos seres muy poderosos. Manifestamos nuestros deseos o pensamientos consciente o inconscientemente todo el tiempo.

Siempre que mi mamá me llamaba con un problema para que le ayudara a resolverlo, me decía: "Necesito ver qué dice la psicóloga de la familia", refiriéndose a mí.

Aún no termino mi carrera de psicóloga, pero estoy a la mitad (para cuando termine este libro, espero ya haberla terminado). He leído y estudiado tanto al respecto que un buen día decidí que por qué no, que me podría titular y que, si algún día por alguna razón ya no quisiera ser actriz, sería una gran terapeuta.

Supongo que ser actriz es una especie de terapia personal. También, encima de eso, es un trabajo donde puedes profundizar en la psique. Puedes desmenuzarla, explorarla y ponerte en los zapatos de alguien más, sin juzgar. Y eso es una parte esencial de lo que me gusta hacer.

La mujer y yo nos abrazamos y lloró en mis hombros la pérdida de su madre, así como yo he llorado la misma pérdida en los brazos de tantas otras personas, y ella me compartió el dolor que se sentía a partir de que murió su madre; éramos dos extrañas, abrazándonos y compartiendo, platicando brevemente, pero con dulzura y honestidad. Me hubiera gustado haber podido decirle más cosas. Que no me hubiera agarrado por sorpresa. Que hubiera podido tener más tiempo, y no a mi hermana en el auto esperándome. Pero hice lo mejor que pude en el poco tiempo en que nos encontramos. Le di mi amor. La escuché. Nos escuchamos. Nos abrazamos.

El amor que uno da es suficiente, siempre.

Le compartí el teléfono de unos terapeutas de EMDR (una terapia para procesar el trastorno de estrés postraumático), el teléfono de una amiga tanatóloga que hace *neurofeedback* y le deseé luz en su proceso de integración. Compartimos un momento hermoso y absolutamente humano. Del tipo de interacción que cada vez se tiene menos y cada vez se necesita más.

Quiero hacer un paréntesis sobre la EMDR (siglas en inglés de *eye movement desensitization and reprocessing,* que en español se traduce como "desensibilización y reprocesamiento por movimiento ocular"). El corazón de esta terapia es permitir que el cerebro reprocese experiencias difíciles. Como si le diera una segunda oportunidad al cerebro de poder acomodar o digerir una experiencia. Yo le llamo "el heredero contemporáneo de la hipnosis".

Había leído mucho al respecto, pero nunca había hecho una terapia. Tenía unas imágenes muy fuertes de mi madre que no se me iban de la cabeza y sabía que tenía que probar esto. No eran muchas, de hecho, si lo pensaba bien, era solo una. Por suerte, siento que pude procesar la mayoría de manera normal, pero tenía esta imagen atorada. No se me lograba salir de la mente y por supuesto que venía acompañada de un *mix* de emociones que, por decir lo menos, se sentía convulso y desagradable.

La imagen era de ella en mi casa, en mi cama. El día de su primera muerte, si puedo llamarlo así. El día en el que todo sucedió.

Octubre 18, 2024.

Tenía una cara de niña chiquita asustada. Qué digo asustada: aterrorizada. Perdida. Se sentía como si no estuviera aquí, en este plano. Algo terrorífico habitaba su mirada y, sin embargo, había una completa y total inocencia en esos ojos.

Un niño pequeño o un animalito asustado estaba debajo de mis cobijas de la cama y mordía mis sábanas con su boca rumiante, como un pequeño niño que muerde su franela de soporte emocional cuando le están saliendo los dientes o cuando le da susto la oscuridad por las noches. Cuando lo escribo pierde su fuerza, parecería una imagen, si bien no positiva, definitivamente no aterrorizante. Pero para mí fue algo realmente perturbador verla así, absolutamente perdida, devorada por un miedo absoluto y totalmente indefensa. Pero en ese momento no me di cuenta, no pude ver realmente la magnitud del momento.

Me limité a regañarla como si fuera mi hija, dulcemente, pero firme, diciéndole que no mordiera eso y quitándole la sábana de la boca. Me juzgo mientras escribo, sé que suena absurdo. No es un momento como los que hubo después, más dramáticos, con sangre, con tubos, o incluso, el momento final de su muerte. Fue algo que parecía insignificante en el momento y que después, cuando comprendí la magnitud de lo que le acontecía en ese momento, mi mente no pudo procesar que no pude reaccionar. Lo entiendo. Si bien muchas veces me quejaba en mis terapias y constelaciones familiares de haber tomado un rol en mi familia que no me correspondía, nunca hubiera imaginado ver a mi madre en ese estado de indefensión tan abismal.

Esa imagen era la que quería quitarme de la cabeza. Podía vivir con las demás. Pero esa me perseguía todas las noches.

Añado que las imágenes que nos persiguen lo hacen porque tienen una carga emocional enorme para nosotros. Y cada una por distintas razones. Para tratar de entender por qué hay ciertas imágenes que nos persiguen es esencial tratar de comprender qué emociones le acompañaban a la imagen en ese momento. Esta imagen me provocaba culpa de no haber entendido el nivel del problema en ese momento, culpa por haber reaccionado así; compasión de ver a mi madre como niña pequeña; enojo conmigo; frustración conmigo. Digo esto por nombrar algunas de las emociones que surgen cuando una imagen se queda impresa en nuestra memoria.

La última mirada. El momento en el que recibimos alguna noticia terrible. El cuerpo inerte de alguien amado.

Estas imágenes son como fotografías emocionales que se congelan en el tiempo, son cargas de energía que nos suelen paralizar o doler profundamente. De modo que aquí es donde entra la EMDR y ayuda a procesar imágenes intrusivas o recuerdos recurrentes que no se logran diluir con el tiempo. Esta terapia no te borra el recuerdo, pero sí transforma la carga emocional. Como si una herida cerrara y dejara una cicatriz que ya no sangra al tocarla.

Básicamente, una sesión se trata de seguir con los ojos un movimiento rítmico de lado a lado mientras accedes al recuerdo en cuestión y vuelves a sentir esa carga emocional profunda. Esto hace que se activen redes neuronales de manera bilateral mediante estímulos, como estos movimientos oculares, sonidos alternos o golpecitos rítmicos.

Fui a la sesión muy emocionada y lista para sanar. Como ya he dicho, había leído mucho al respecto y estaba lista para reactivar la capacidad de mi cerebro para procesar imágenes y emociones.

Me senté en el sillón de un terapeuta recomendado por un amigo, y para mi sorpresa me pidió cerrar los ojos. Comenzó a darme pequeños golpecitos en las rodillas con una pluma de su escritorio y me pidió recordar la imagen y evocar las emociones que la acompañaban. Bastante anticlimático, a decir verdad. Lloré un poco, pero eso era de esperarse, y no sentí que me ayudó en nada. Salí a pagar la cuenta con cara de alguien al que acaban de timar. Sobra decir que, con el tiempo, comencé a darme cuenta de que, en efecto, la imagen no estaba ya ligada a emociones tan intensas. Que si bien no habían desaparecido —ni era la intención de la terapia—, las imágenes o las emociones, ambas habían disminuido en intensidad de dolor al pensarlas.

Así que mi terapia anticlimática, que se sintió como una tomada de pelo, resultó una sola terapia maravillosa, e incluso recomendable si me preguntan.

Luz

Quiero ser completamente franca: cuando leo "luz y amor incondicional" en cualquier libro, sé cómo suena, y en este contexto, peor. Y tal vez me voy a sobreexplicar, pero no quiero sonar como esos autores que leí en mi duelo que te pintan algo que no es.

Es lo que es.

Es un duelo en toda la extensión de la palabra, pero dentro de toda su complejidad, también existe el espacio para encontrar esta presencia que nos sigue sosteniendo.

El amor no se rinde ante el tiempo y el espacio. Los trasciende. Esa es la certeza callada que habita en nuestro centro más profundo.

Perder a alguien que amamos es una sensación de lo más extraña. No se parece a nada. No es solo tristeza, no es solo vacío, es una especie de desdoblamiento. Los días siguen sucediendo, la vida continúa y tú estás ahí, detenido en el tiempo, en un lugar donde algo se rompió para siempre y no sabes cómo se llama.

Un puñal al estómago. Un balde de agua fría que te deja sin poder respirar.

Lo extraño del duelo es que no solo estamos llorando la ausencia de nuestro ser amado, también estamos llorando la versión de nosotros que existía con esa persona. La rutina compartida, los gestos invisibles. Y sin embargo, algo se abre. En medio del dolor hay una forma nueva de amar. Una forma más sabia, más honda. En este espacio existe una mezcla de sentimientos que no pensamos nunca que podrían convivir. Hay dolor y oscuridad, pero también ahí mismo hay luz y amor incondicional. Tanta luz y tanto amor que si tan solo somos capaces de estar disponibles a esa energía sutil, abiertos a los milagros y al amor incondicional que nos rodea, podremos experimentar este lado del dolor.

El duelo poco a poco se vuelve también un acto de amor.

El dolor puede ser desgarrador, de lo más profundo y devastador, y la única manera de que disminuya es atravesándolo.

La frase modificada del poeta estadounidense Robert Frost "The only way out is through" (la única manera de salir es atravesarlo) era algo que me daba vueltas en la mente durante la estadía de mi madre en el hospital y durante los momentos más fuertes.

No puedes huir de la vida. La vida te pasa. Sucede. Y hay que entrarle, como decía mi madre, "al toro por los cuernos". Supongo que como crecí escuchando la frase del toro luego no me compliqué en absoluto transformándola en la de Frost. Que, por cierto, el *quote* real dice así: "I can see no way out but through" (No veo otra salida más que salir adelante).

Y cuando estés atravesándolo y sientas que ya no puedes más, que no puedes respirar del dolor, que quieres claudicar, recuerda por qué estás sufriendo: por haber amado, y eso es un gran regalo... estás sintiendo este dolor, pero recuerda que, efectivamente, nada es para siempre. Este dolor del que crees que nunca vas a salir algún día acabará, así como nuestro tiempo sobre esta tierra.

Hay gente que confunde el haber atravesado el dolor de un duelo con haber "terminado" un duelo.

Los duelos no terminan. El ser al que perdimos será parte para siempre de nuestra historia, de nuestro ser y de nuestra alma. Las pérdidas son como tatuajes que llevamos en la piel hasta el día que nos toque partir a nosotros mismos.

Como sea, atravesar, atravesar.

Y una parte sí termina (o puede terminar si deseas): la parte oscura. Cuando atraviesas el pantano del dolor llegas a un lugar donde el dolor converge con el amor y son lo mismo. El mismo sentimiento... si esto tiene algún sentido. Es como si no pudieras dividir uno del otro.

La vida es la muerte,

y el amor es dolor.

Lo vuelvo a decir para que no se me olvide... Si el precio de amar es el dolor de la pérdida, entonces no es un precio tan alto, porque amar es lo más grande, maravilloso, eterno y verdadero de esta vida. Y nadie que verdaderamente amó se arrepiente de haberlo hecho. Amar es algo que nadie nos puede quitar. Es nuestro. Es lo que nos pertenece como derecho de nacimiento. Cuando amas realmente, te puedes quedar tranquilo.

Amar siempre es suficiente.

Amar verdaderamente es suficiente para darle sentido a la vida.

Amar a los que amamos.

Amar a otros.

Amarme a mí.

Decidir desde qué lugar transito la vida cuando se pone difícil es amarme.

Decido darme gracia.

Decido transitar la oscuridad desde la luz.

Cuando mi mamá estuvo hospitalizada y muriendo lentamente durante veintidós días, la mejor manera que tuve para poder describirles a mis amigos mi sensación fue utilizando la palabra HIPER-REALISMO.

Lo expliqué un poco antes. La sensación es esta: vivimos en una realidad superficial, ya sabes, nos preocupamos por cosas como nuestro aspecto físico, el qué dirán, el trabajo, qué vamos a hacer el viernes por la tarde y cosas así... tocamos la realidad "real" muy poco cuando transitamos la vida desde este lugar superficial. Cuando la hiperrealidad se manifiesta, es entonces cuando el mundo se pone nítido. Cuando nacen los bebés; cuando alguien muere; cuando estamos teniendo una conexión sexual muy intensa, haciendo el amor; cuando conectamos con Dios, o como quieras llamarlo, y tenemos experiencias trascendentales, incluso con la ayuda de plantas sagradas —como los hongos o la ayahuasca que nos conectan al todo cuando no encontramos otra manera—, es en estos momentos cuando entendemos muchas cosas que nos son impensables e inefables en nuestro día a día. Conectamos. Podemos percibir que hay vida en todo lo que nos rodea, entendemos verdaderamente el concepto de unidad que compartimos, nos sentimos parte de una red de contención, una red que nos conecta a todos los habitantes de esta tierra; los árboles nos abrazan y viceversa, la naturaleza adquiere un brillo especial y se ve con ojos de asombro, nos volvemos puros, se nos acaba el cinismo y nos vuelve la esperanza y entendemos un poquito de qué se trata esta vida cuando tocamos el hiperrealismo.

Vemos la realidad como es. Sin el velo de la prisa, sin el velo del ego, sin enmascarar sentimientos. Pura. La verdad es que no podemos vivir completamente en la realidad superficial ni podemos vivir completamente en la hiperrealidad, pero es en esta última donde crecemos, maduramos y nos encontramos con que, después de haber estado en uno de estos momentos de hiperrealidad, ya no podemos volver atrás y ser las mismas personas. Quitar el velo de lo superficial nos hace responsables de habitar lo que hay detrás de este mismo cuando volvamos a la superficie. Romper el velo.

En muchas tradiciones espirituales existe el concepto de *māyā,* que se refiere al velo de la ilusión que cubre la verdadera naturaleza de la realidad. Según estas enseñanzas, *māyā* es lo que nos hace percibir el mundo fenoménico como separado, fijo y real, cuando en realidad todo es transitorio, interdependiente y, digamos que, en esencia, es algo vacío e ilusorio. Es la ilusión de estar separados del todo, creer que la materia es permanente y que las circunstancias externas definen nuestra verdadera esencia. Atravesar el velo metafórico, esa barrera que separa lo visible de lo invisible, la ilusión de la realidad o el conocimiento superficial de la verdad profunda.

Llegar al entendimiento más profundo. Verdadero. Atravesar las capas de la ilusión para poder despertar a una conciencia más profunda, donde somos capaces de reconocer que lo eterno y lo infinito ya están aquí, detrás de las formas que cambian, las formas que se desvanecen. Reconocerlo es una danza. Hay momentos de lucidez y momentos de desconexión, pero cada vez que volvamos a reconocerlo, lo haremos de una mejor manera.

Esta es nuestra responsabilidad, volver a conectarnos con la hiperrealidad. Decidir cómo volver a gestionar la vida después de un evento que te muestra con crudeza, mas sin crueldad, que la vida es imparcial y que lo que cambia para el resultado de tu vida no es el evento en sí, sino cómo decides transitarlo. Desde la luz o desde la oscuridad. Hay luz en el dolor. En las lágrimas. En la culpa. En el miedo. Me doy gracia.

Si todo tiene que pasar, entonces que me pase; y después, cuando yo pueda tener alguna agencia sobre algo, entonces decidiré que me pase suave, que me pase suave y profundamente, hasta que me atraviese y me permita tener y hacer espacio para que entre en su lugar otra cosa y, quién sabe, tal vez ahora sí corro con suerte y será algo más amable lo que me atraviese.

Soy quien soy por las enseñanzas de mi madre.

Ella estaba bastante avanzada en temas espirituales, tanto así que, poco después de que murió, yo le dije a mi hermana, en términos coloquiales de hermanas milenial: "Es que ella ya terminó el Nintendo. Entendió todo, ganó el juego y salvó a la princesa".

Ella era la princesa y la salvó de las garras del miedo, del mundo y su crueldad, le dio la vuelta a cuanto demonio cruzaba su camino. Tenía el corazón tan abierto que en él cabían el dolor ajeno, las historias rotas y la esperanza de todos. No era perfecta ni quería serlo. Era profundamente humana, y en esa humanidad había una sabiduría que no venía de los libros, sino de haber mirado el cielo y la tierra con los mismos ojos.

Mi tía decía que se le reventó el corazón (literalmente) porque había sostenido tanto dolor. Pero yo creo que su corazón no explotó por haber cargado tanto dolor, creo que se expandió tanto y tanto que se reventó ese órgano al que ya no le cabía más amor, así que tuvo que cambiar de forma para que cupiera todo ese amor que ella podía albergar.

Cara a cara con la muerte y el miedo

El miedo es la primera puerta que se nos presenta. Una vez que la atravesamos, podemos descubrir qué hay del otro lado.

En nuestro mundo occidental estamos muy desconectados de la muerte. La vemos como algo ajeno a la vida y nos da terror tan solo pensar en el tema. Tenemos que reconectar con la vida para poder integrar los dos conceptos como uno. Son parte de la misma experiencia. Uno no puede existir sin el otro.

La muerte es la vida.

Son la misma cosa.

Somos un estado porque seremos el otro.

E incluso ya lo fuimos.

Cuando nacemos, venimos de ese lugar al que vamos cuando morimos.

Ouroboros.

Cuando era muy joven, me tropecé con el libro de Nietzsche, *La gaya ciencia,* donde plantea la idea del eterno retorno, que sugiere que todo lo que ocurre en el universo se repetirá eternamente, en un ciclo infinito. Como el *ouroboros.* La serpiente que se come la cola. La serpiente representa la circularidad de la vida, la muerte y el renacimiento. No existe un principio ni un final. Esta parte me gusta. No existe un principio ni un final. Este símbolo también para Carl Jung representaba la *coniunctio oppositorum,* o sea, la unión de opuestos, que para Jung era el objetivo del proceso de individualización. Un proceso crucial para poder integrar la luz y la sombra que nos habitan, integrar el inconsciente y el consciente. Para integrar el ser en su totalidad hay que integrar o unir nuestras partes que se contradicen.

Nuestros opuestos.

Una vez integrados volvemos al principio.

Pues es el mismo final.

El ciclo de autodescubrimiento es infinito.

Un proceso continuo.

La muerte habría que verla con esta perspectiva. La muerte no debería verse como un final en sí, sino como un retorno al origen.

Todos, todos, todos nacemos y vamos a morir.

La vida es el intermedio.

Hablemos de la muerte entonces. Con nuestros padres, con nuestros hijos, con nuestros amigos. Hagámoslo sin tabúes. Antes de que suceda y cuando suceda. Hablemos de la muerte hasta que el miedo que nos hace sentir hablar sobre ella se vaya informando y se convierta en un miedo informado, en un miedo más tenue, un miedo al que le refutan los fundamentos imaginarios. El miedo pierde fuerza cuando lo miramos a la cara y nos atrevemos a enfrentarlo.

Lo primero es aceptar el momento presente. Lo segundo es hablarlo para desarmar todo lo que imaginamos y centrarnos en el ahora. Hablar de lo que nos está estorbando en la mente que no nos permite habitar el presente.

Cuando hablamos de temas como este generalmente los tocamos con rapidez, como si tan solo hablar de la muerte la invocara. Pienso que nada está más lejano a ello. Pienso en la importancia de hablar para acomodar ideas, disipar falsas creencias y para poder integrar nuestra experiencia. Hablemos con nuestros amores cercanos, que posiblemente nos acompañen en ese momento o nosotros a ellos. Y una vez que le suceda a alguien cercano, hablemos de todo lo referente a ella con nuestros amores, amigos, terapeutas, con quien esté cerquita, hablémoslo hasta que nos hartemos y se nos acomoden un poco los pensamientos y los sentimientos de cuando recién sucede la pérdida, son como arena en una botella con agua que acaban de agitar.

Es muy difícil procesar algo que pensamos que nuestra mente no está capacitada para procesar, que no entendemos del todo. Por esa razón necesitamos estar llenos de apoyo emocional y contención. La importancia de este diálogo radica en sus beneficios emocionales, psicológicos, sociales, y también añadiría que espirituales.

La muerte como tema central en nuestro diálogo con la vida.

Reconciliarnos con nuestra propia mortalidad reducirá el miedo y la ansiedad que la rodea. Hacerle frente a este miedo para que proporcione claridad sobre lo importante a nuestra vida.

Para no perder tiempo.

Y aún más importante: si tenemos la oportunidad, hay que tener estas conversaciones difíciles con las personas que amamos que están a punto de morir.

Bronnie Ware, autora de *The Top Five Regrets of the Dying (De qué te arrepentirás antes de morir: los cinco mandamientos para tener una vida plena),* documentó cómo las personas al final de sus vidas lamentaban no haber podido tener conversaciones honestas y profundas con sus seres queridos antes de morir.

A mí me pasó con mi mamá.

Bueno, ella no me dijo qué le hubiera gustado, en realidad a mí me hubiera gustado haber estado más receptiva, con menos miedo. Terror, digo. Haber escuchado con más atención y haber entablado una conversación honesta sobre su muerte, en el momento en el que estaba sucediendo.

Ahora hablaré de esto las veces que sean necesarias y lloraré y gritaré y estaré en paz y volveré a llorar y volveré a sonreír y así en un ciclo que irá disminuyendo de intensidad, pero que nunca terminará.

Pero no tiene que terminar.

Ahí es donde nos atoramos, esperando que termine. No podemos interrumpir el curso natural del proceso. El flujo de la naturaleza no puede ser forzado.

Así como un árbol necesita tiempo para crecer, una herida necesita tiempo para sanar. Cuando intentas apresurar algo, resistes el momento presente y se genera una lucha interna. El momento tal y como es lo estás reduciendo a un momento indeseable, un momento que no es suficiente, y al hacerlo te desconectas de la realidad, del momento, y entras en un estado de frustración donde les das cabida a la ansiedad y al miedo profundo de habitarte.

El sol sale cuando sale, no cuando queremos que salga. Nos parecerá muy lógico leerlo de esta manera. Pues sí, el sol sale cuando sale, qué gran sabiduría... ¿pero qué pasa cuando lo que nos parece tan obvio en unas cosas no nos lo parece en otras que son igual de importantes, como nuestros procesos emocionales, psicológicos y espirituales?

En nuestra vida tratamos de controlar.

Todo el tiempo.

Mientras más aspectos controlemos, más nos sentimos "seguros" o que las cosas marchan "como deberían", o sea, según nuestra propia falsa sensación de bienestar.

Mi amiga Sandra decía mucho: "Lo que resistes persiste". La energía que invertimos en resistir algo en nuestras vidas solo refuerza su presencia. Así como la filosofía budista, mi maestro vivo favorito, Eckhart Tolle, en su libro *El poder del ahora,* enfatiza que la resistencia al momento presente crea sufrimiento y que aceptarlo es la clave para vivir en paz. Y eso es lo que todos deseamos.

Vivir en paz.

Tener paz en nuestra mente, en nuestros corazones y en nuestro espíritu.

Volviendo a mi favorito de la adolescencia, Nietzsche tiene un concepto filosófico central en su pensamiento que se llama *amor fati,* que literalmente significa "amor al destino".

Esta filosofía habla de un acto profundo de reconciliación con la vida tal y como es. Con sus luces y sus sombras.

Nietzsche lo plantea como un ideal existencial, una manera de vivir que supera la resignación o el rechazo cuando enfrentamos lo inevitable. Claro que él lo plantea como una actitud propia de un *übermensch*, de un superhombre. Uno que ha trascendido las limitaciones del ser humano común, aquel que trata de controlar su suerte o resistirse a ella.

El *amor fati* transforma la forma en la que percibimos nuestra vida; deja de haber momentos "malos" o "buenos", y todo, absolutamente todo, se convierte en parte de un flujo más grande que tiene un propósito implícito, incluso si no podemos comprenderlo en ese momento.

El amor nunca termina. El amor se transforma de forma, pero no su esencia. Termina el apego, pero no el amor. El amor trasciende. Termina la forma condicionada del amor donde el egoísmo y los apegos rigen su pulso. El amor en su sentido más puro se expande como una manifestación de compasión universal. Forma de amor que fluye libremente y continúa incluso más allá de esta vida terrenal.

Y así, como si fuéramos una botella llena de agua con arena que está turbia de tanto agitarse, poco a poco esa arena va encontrando su lugar en el fondo de esa botella con agua. Ahí está, quieta y tranquila, esperando que agites la botella de forma cada vez más suave para que no se vuelva a enturbiar mucho el agua.

Esperando días de claridad.

Nuestra mente sí está capacitada para procesar este tipo de emociones y pérdidas. Pero hemos perdido la conexión con esa parte a la que yo llamo la hiperrealidad y tenemos que recuperarla. Tenemos que volver a pensar en el macro así como en el micro. Gastamos mucho tiempo pensando en nosotros mismos y empleamos poco tiempo para pensar en que somos parte de algo mucho más grande y mágico. Nos hemos vuelto una cultura muy egocéntrica. Todo se trata del yo. Hay que dejar de pensar tanto en uno mismo. Hasta en el amor nos hemos vuelto egoístas.

Poseer no es amar.

El amor y el desapego

Mi mamá y yo hablábamos mucho de la muerte. De la suya, de la mía, del concepto.

"¡¿De qué se trata esto?!", refiriéndonos a la vida, decíamos riéndonos cuando algo nos agarraba por sorpresa o cuando nos enteramos de la muerte de alguien lejano, pero querido.

"¿De qué se trata esto?" era nuestra pregunta para comenzar el diálogo sobre nuestra existencia y sobre la trascendencia.

¿De qué se trata la vida? ¿De qué se trata todo esto? Nadie sabe realmente, tal vez no se trate de nada en particular. ¿Tal vez se trata de amar y ser amado? ¿Por qué nos podemos preguntar esto? ¿De qué sirve que sepamos que no sabemos nada? De algo servirá seguramente. Nos pasábamos un rato viéndonos con caras de WTF! mi madre y yo, haciendo muecas de "no, ni idea...", y terminábamos por reírnos de nuestras grandes ínfulas de filósofas y también de nervios por no saber la respuesta y seguir con la vida como ciegos dando palos.

Siempre se trata del amor y eso era a lo único a lo que llegábamos. El amor como medio y el amor como fin.

Después nos poníamos a hablar de lo que queríamos que hicieran con nuestros cuerpos una vez inertes. "¿Quieres que te entierren?", "¿Quieres que te cremen?", "¿Sabes qué implica cada cosa para tu cuerpo físico?", aun sabiendo que ya no lo habitaríamos para ese momento, evidentemente.

Nosotras lo teníamos claro. O bueno, cada dos años aproximadamente lo teníamos claro, y luego lo cambiábamos porque habíamos encontrado otra práctica espiritual nueva que nos había hecho pensar en algo que no habíamos pensado sobre el tema, o porque simplemente conocíamos un lugar hermoso y fantaseábamos con esparcir entonces mejor ahí nuestras cenizas.

Tengo un amigo a quien su padre le dejó dicho que deseaba ser cremado, y que cuando estuviese hecho quería que entre los hijos se lo bebieran mezclado en una Coca-Cola. Yo oscilo entre el entierro —me gusta el modo judío de hacerlo, sin ropa, cubierta con una ligera manta de cielo, a la tierra, directo— para hacerme gusanos, pero para que pueda salir vida de mi carne también.

O cremada. Pero luego me contó bien bien mi hermana cómo es el asunto y ya no me gustó tanto. Pero me atrae la idea de que me esparzan en mis montañas favoritas y solo se podría hacer si me hacen cenizas. No sé... tendré que decidir pronto porque no quiero que ese tema se quede ahí abierto y sean mis hijos los que tengan que decidir. No quisiera cargarles eso encima de su duelo cuando me muera.

La muerte siempre estuvo cerca de nosotras de alguna u otra manera.

Mi hermana y mi mamá tenían un negocio de ataúdes biodegradables. Hermosos, de mimbre y flores. Cuando mis hijos eran chiquitos, mi mamá guardó uno en mi sótano y tengo una foto de mis hijos y yo dentro del primer prototipo donde salimos felices, festejando el logro de las dos.

La enterramos en ese mismo ataúd de la foto. El mismo donde tengo la foto con mis hijos.

Un buen día, mi hermana viene a decirme que estaba shockeada de haber hecho un descubrimiento terrorífico. Los ataúdes que hacían se biodegradaban, pero el cuerpo que enterraban en ellos no. ¿Cómo era eso posible, si habían hecho la empresa —pequeña, pequeñísima empresa— con el único cometido de que todo fuera biodegradable? Y ahora resultaba que, lo que dimos por hecho sería abono en un tiempo determinado nunca se convertiría en una plantita o en una flor, y mucho menos en un árbol, que era el cometido de las dos hermosas empresarias.

Existía un gran misterio, se deshacía el ataúd, pero no el cuerpo. Mi hermana, que es un personaje fascinante y muy particular, decidió que iba a regresar a la escuela para investigar qué estaba pasando en México con la muerte. Se metió a estudiar necropsias y embalsamamientos en la UNAM (Universidad Nacional Autónoma de México). Me llamaba saliendo de sus prácticas nocturnas a las que entraba a las cinco o seis de la tarde y salía a las cinco o seis de la mañana, cuando sabía que yo estaba preparando a mis hijos para ir al colegio o de ida a filmar algún *show* de televisión en el que estaba trabajando en ese momento. Me contaba todo en formato de cascada verbal: todo lo alucinante que estaba descubriendo. Descubrió pronto que la muerte en nuestra ciudad natal era un asco. Estaba llena de mentiras y basura. Y cuando digo "basura" lo digo literal. Los cuerpos estaban siendo rellenados con basura en los embalsamamientos. Y claro, cuando entierras un cuerpo lleno de unicel nunca se va a degradar ese unicel. Así que los ataúdes eran hermosos, pero no fueron el gran negocio que esperábamos.

De todas formas, no había mejor ataúd para mi mamá que el primero que habían hecho mi hermana y ella. Mi hermana, una tía y yo tejimos muchas flores nube alrededor de su ataúd y se veía realmente hermoso el día de la velación. Había algo realmente hermoso en saber que ella (junto con mi hermana) había diseñado su propio ataúd.

La mañana siguiente de la muerte de mi madre, entrando a la morgue, mi hermana y yo tomamos una decisión tácita. Sin decirnos nada la una a la otra, ella me entregó en las manos con sutileza una de sus credenciales de embalsamadora. Por alguna razón, de esas cosas mágicas que suceden, mi hermana tenía dos copias, y una era en blanco y negro, cosa que ayudó bastante, pues ella y mi madre compartían (casi todo igual) el cabello rubio y los ojos claros a diferencia de mí, que soy castaña y de ojos cafés.

Nos tomamos de la mano y le dijimos a los embalsamadores del lugar que no íbamos a ocupar sus servicios, pues nosotras íbamos a hacer el ritual de embalsamamiento de mi madre. Bajamos a la morgue y vimos a mi madre en la plancha. Nunca habíamos visto un muerto tan hermoso. Nos vestimos con ropas desechables, nos pusimos guantes y comenzamos, sin decirnos una palabra, a limpiar el cuerpo de nuestra madre con absoluta reverencia y devoción.

Honrando el momento como sagrado, llevamos a cabo un ritual sagrado, inconscientes de haberlo pedido de esta manera. Terminamos por vestirla en un vestido que había comprado con mucho esfuerzo y ganas en su último viaje. Un vestido sencillo de lino con flores bordadas. La maquillamos hermosa y sencilla. Parecía una niña, es difícil de explicar. De hecho, algo que me sorprendió mucho es que los días finales yo me comencé a referir a ella, cuando estaba con ella, como lo hacía con mi hija cuando era una niña. Con ese amor maternal y esa ternura que una chiquilla hermosa provoca. "Chiquilla", le decía con toda la ternura que cabía en mi corazón. "No llores, chiquilla...".

Los rituales son gestos ancestrales, son hilos invisibles que nos conectan a algo más grande que nosotros mismos. A ese realmo del que tanto hablo, pero también a la misma tierra, a los ciclos de la vida. Son esas cosas grandes o pequeñas que hacemos cuando estamos lidiando con algo que no siempre podemos nombrar. Nos nacen a todos y los hacemos, así no nos demos cuenta de ello. Así sean privados con uno mismo o en comunidad y comunión. Nacen siempre de una necesidad profunda de darle sentido a lo invisible, de crear un espacio donde lo sagrado pueda manifestarse en lo cotidiano. Son maneras de marcar los umbrales de la existencia: nacimientos, muertes, despedidas, cosechas, inicios. Así agradecemos, soltamos, invocamos, celebramos. Honramos lo que no podemos comprender, pero cuya presencia es innegable en nuestras vidas. No es que el gesto en sí tenga un poder mágico, es que nos abre a la experiencia profunda de la presencia, de vivir lo que se está viviendo y honrarlo con lo que podemos entregarle al momento, sea presencia pura, significado o conexión. Los rituales son anclas que sirven para no abismarnos.

Mi madre creció con un papá científico. Era un científico muy prominente de la época y hacía experimentos en su laboratorio que tenía en el último piso de su casa en una colonia muy hermosa y antigua de la Ciudad de México. Mi abuelo Ernesto, tocayo de mi madre, tenía un ataúd de cristal en su laboratorio donde tenía un cadáver. Estaba estudiando qué pasa exactamente con un cuerpo cuando muere. Cómo es el proceso de descomposición. Mi mamá nos contaba esta historia a mi hermana y a mí (y después a sus nietos) con muchísima alegría. Se le veía el brillo en los ojos de niña traviesa que iba a escondidas y sin permiso al laboratorio del padre científico a ver al muerto. La historia es que el cuerpo, en resumen, se hincha, "explota", y se agusana solo. Los gusanos, que el abuelo apodaba "carroñeros", al parecer comen y comen y roen hasta que no queda nada y empieza una batalla épica entre ellos. Quedan tres, si mal no recuerdo, pero yo que ustedes gugleaba. A estos últimos guerreros en la batalla los apodaba "los bigotones" porque, según él, parecía que tenían bigotes. Los últimos que quedan pues se comen entre dos a uno, y los últimos, muy al estilo de la película *Gladiador*, se avientan un *tête-à-tête*, y que gane el mejor. Es muy anticlimático que no me acuerdo qué pasa con el gusano ganador. Lo siento, tal vez si algún día nos encontramos en la calle, por favor me cuentas qué dijo Google.

Crecer con esta historia marcó mi relación con la muerte física desde muy chica. Nada me sorprendía con respecto al tema del cuerpo físico. Sabía desde pequeña que terminaría comiéndome a mí misma. Trauma, *shock* un poco tal vez, pero también una sensación de que los gusanos no vendrían de fuera a comerme, que nada de lo que temía no lo tenía ya dentro mío. Me comeré a mí misma y estoy OK con eso. Puede que nada de esta historia sea verdad o que todo sea cierto. Pero lo que sí es una verdad absoluta es que no me sentí amenazada. Aunque tal vez sí un poco asqueada (iugh).

Esa historia me enseñaba que el cuerpo físico no es más que la crisálida de la oruga antes de convertirse en mariposa, tal como lo describe la doctora Kübler-Ross, y muchas otras personas antes que ella.

La mariposa.

Como símbolo de ser algo, morir y ser otra cosa más hermosa aún. El griego *psyché* significa tanto "mariposa" como "alma". En la mitología griega, Psyche era una mujer mortal que, tras pasar por pruebas dolorosas y "morir" simbólicamente, renace como una diosa representando la transformación espiritual. Así que las mariposas eran vistas como manifestaciones del alma que deja el cuerpo tras la muerte. En México, en las culturas mexicas y mayas, las mariposas simbolizaban el alma de los guerreros caídos, o de las mujeres que morían en parto y que eran consideradas portadoras de transformación y vida después de la muerte. En el hospital entendí realmente que no somos nuestro cuerpo.

Al pan, pan, y al vino, vino

El proceso de nombrar las cosas por su nombre ha sido esencial en mi integración del duelo.

Cuando le pregunté a mi mamá si tenía miedo, fue un tema de discordia en mi familia. Me decían que por qué tenía que salir con mis preguntas oscuras, que mejor le dijéramos que pronto saldríamos del hospital, que iba a estar bien y que lo mejor sería que nos viera sonreír. Eso también se lo dije en algún momento, cuando lo creí verdaderamente, cuando vislumbré esperanzada mi propia proyección de lo que quería que aconteciera. Pero también, con un pie en la realidad y en el momento presente, le pregunté cosas que a la gente en general, y aún más a la gente que no tiene contacto con lo profundo (que a veces se confunde con lo oscuro), le parecen demasiado o poco esperanzadoras.

Alguien que está cercano a la experiencia de la muerte es alguien que está absolutamente conectado a la verdad, a la hiperrealidad. A la verdad de lo que somos. Sin máscaras. Conectado al todo. Conectado al universo. Conectado a Dios. Ellos no solo quieren que les preguntemos cosas profundas: necesitan que nos conectemos desde ahí con ellos. Nombrar el miedo en situaciones como esta es importante. Para todos los involucrados. Nombrar las distintas posibilidades que podrían suceder. Nombrar las cosas por lo que son no significa no tener esperanza. Hablar con la verdad nos libera de los fantasmas que nos creamos en la mente. Hay cosas que desaparecen o se transforman al ser nombradas.

Nada que hables desde tu verdad queda sin ser tocado por la alquimia.

—¿Tienes miedo? —Yo tenía miedo y quería saber si ella también.

—No. —Yo no sabía si confiar en este proceso tan doloroso que alargaba su vida, que aún no tenía un rumbo claro de si iba a salir viva de esto a pesar de todos los procedimientos que le habían hecho y el dolor que había aguantado su cuerpo físico—. Confío.

Si tú confías, yo confío. Si tú no temes, yo no tendré miedo tampoco.

Lección aprendida.

Si no tienes miedo, mamá, entonces yo también seré valiente, sentir miedo es de valientes, voy a sentir mi propio miedo profundamente, hasta el fondo, hasta atravesarlo y ver qué hay del otro lado. Igual que tú.

Pero diferente.

Muy diferente.

Tú vas a llegar a donde existe todo. De donde nace el universo entero. Y yo me quedo aquí un rato más sorteando la lección máxima por excelencia:

Soltar y confiar.

La vida siempre está poniéndonos pruebas para soltar y confiar. Pruebas pequeñas que nos van preparando para esta prueba final: dejar nuestro propio cuerpo.

¿Estoy lista?

¿Tengo miedo?

¿Confío?

Confío en el flujo de la vida.

Estoy a salvo si suelto.

Todo sucede en el momento perfecto.

Dejo ir lo que no puedo controlar.

Confío en mi capacidad para adaptarme.

La vida me sostiene incluso en los momentos de incertidumbre.

Cada vez que exhalo es una nueva oportunidad para soltar.

Libero el control.

Permito que la vida suceda.

Elijo la paz y no la resistencia.

Libero las expectativas.

Me permito ser humana.

Me permito ser completamente humana.

Intuición y culpa

El día que aterricé en la Ciudad de México desde Nueva York, coincidí con mi madre que estaba llegando de Madrid y se quedaba en mi casa unos días a combatir el *jetlag* antes de viajar a Mérida, donde vivía.

Comimos juntas, ella comió menos de lo normal, pero no le puse mucha atención, pues cuando traes el reloj interno volteado, las horas de comer y dormir se hacen unas bolas tremendas.

Pasaron las horas, se hizo de noche. Llegó mi maquillista, mi peinador, María de mi agencia de relaciones públicas y unos muchachos bármanes que nos iban a hacer unos tragos mientras me arreglaban.

Le di un trago a mi madre, uno a todos los que estábamos ahí, y nos pusimos a ello. Platicamos, y como a los quince minutos me di cuenta de que mi madre no estaba. Se había subido a mi cuarto. Cinco minutos después recibí un mensaje de texto que decía: "Me siento mal".

Al poco tiempo subí a ver qué es lo que estaba pasando y le dije que era probablemente cansancio porque venía de viaje, venía de Europa, y seguramente era el *jetlag*.

Pero ella sabía que algo estaba mal. Muy mal.

—Me tronó algo en el pecho, como si se hubiera reventado algo —me dijo.

Yo, que tengo una clavícula y un esternón pronunciados como los suyos, le contesté que a mí, a veces cuando duermo en un avión, se me aprietan los huesos de esa parte del pecho, y cuando estiro la espalda me truena muy fuerte esa misma parte del esternón.

—Aquí, justo en el centro —le dije.

—Ahí mismo, sí —me respondió.

—No te asustes. No es nada, tenemos el mismo esternón como salido, se está acomodando tu esqueleto —le dije.

Seguí arreglándome para el evento de trabajo que tenía esa misma noche.

—Vete a trabajar y alcánzame en el hospital, creo que sí me iré a checar. Algo está mal. Es más, hija, llama al doctor y a una ambulancia. Quiero que me chequen.

Yo le había hecho el chequeo rutinario de tomarle la temperatura y ponerle el oxímetro para medir su presión, su oxigenación y su ritmo cardiaco. Todo marcaba rangos normales.

—¿Ves? Es cansancio. No te asustes —le repetía.

Le dije que llamaría al doctor y a la ambulancia, pero que ellos le dirían lo mismo. Eran las cuatro de la mañana en Madrid, la ciudad de donde había llegado esa mañana, y seguramente tenía mucho cansancio acumulado y su cuerpo estaba pidiendo descanso.

Al poco tiempo llegó el doctor del seguro médico a casa y, efectivamente, confirmó mi diagnóstico:

—No es nada. Está usted perfecta, señora. Tal vez lo que tiene es un ataque de pánico —sugirió.

—¿Ves, mamá?, te dije. No es nada. Trata de descansar. Me voy a trabajar y ahora llego y te checo de nuevo, ¿sí? Trata de dormir.

—Sí, mi amor, vete a trabajar y alcánzame en el hospital. Esto no es un ataque de pánico. Me está dando un infarto.

El doctor le volvió a decir que no era un infarto. Que era ansiedad y que, seguramente, como estaba convencida de que era un infarto, su mente ya estaba reaccionando a esa información con miedo, provocando un ataque de pánico.

—No —dijo mi madre tajante, pero con mucha tranquilidad—. Nunca he tenido ataques de pánico y no sufro de ansiedad. Lo que tengo, doctor —le dijo mirándolo a los ojos—, es que me está dando un infarto.

En ese momento llegó la ambulancia con dos paramédicos. Hablaron con el doctor del seguro y conmigo y la examinaron una vez más.

Ella les dijo que le estaba dando un infarto y nosotros les dijimos que sus signos vitales marcaban todo OK en su oxigenación y en el ritmo cardiaco. Después de una valoración, ellos le volvieron a corroborar lo que yo y el doctor le habíamos dicho.

—No es nada. Está usted muy cansada, seguramente.

Y justo cuando terminaron de tomarle los signos vitales, tras decirle que estaba bien y mientras guardaban sus estetoscopios y los demás materiales con los que la habían examinado, ella se desvaneció durante unos segundos.

La cara se le deformó. No se desmayó, no cerró los ojos: se le descompuso el rostro, su cara, literalmente, se desencajó, perdió todo el conocimiento, todo el control, y un segundo después se recompuso. Me miró fijamente y me dijo:

—Vete a trabajar, voy a estar bien, ¿qué te dijeron?

"¡¿Qué te dijeron?!"... no hacía sentido. ¿Qué me dijeron quiénes? ¿Los paramédicos?

—¿Mamá? ¡Mamá! ¡¿Mamá?!

Todos los idiotas que estábamos ahí diciéndole que no era nada nos quedamos medio segundo pasmados. Incrédulos. Como estúpidos.

Qué culpa sentí porque no le creí, porque no tomé en serio su sentir, porque lo minimicé, porque no la llevé corriendo al hospital en vez de esperar a la ambulancia.

Esa culpa me seguiría por días y días mientras ella estaba en el hospital.

Lo mejor que puedo decir sobre la culpa es que sirve para no repetir un error, pero una vez que se aprende la lección, debemos desecharla a toda prisa. Es una de esas cosas que, si las guardas, se echan a perder y pronto ya está apestando todo a su alrededor, aunque lo que hayas guardado cerca esté prístino.

La culpa y el "hubiera" viven juntos. Son mejores amigos y siempre vienen en par. Mi error fue no hacerle caso cuando me dijo que era algo muy grave. Hubiera encendido el auto y me la hubiera llevado manejando al hospital en lugar de esperar a los paramédicos, les hubiera dicho a los doctores que la subieran a la ambulancia antes de que le dijeran que no tenía nada, ella claramente estaba pasando por algo, hubiera cancelado mi trabajo cuando me dijo que se empezaba a sentir mal y la hubiera llevado al hospital... Hubiera hecho esto, hubiera hecho lo otro. Pero la cosa es que la yo de ese momento solo pudo hacer lo que hizo, y en ese momento a ella le pareció lo más indicado y correcto esperar a que los médicos llegaran.

Aceptar que no soy médico, que hice lo que pude con la información que tenía. Esto es lo único que puedo hacer para liberarme de la culpa que no quiero cargar. Aceptar que no soy doctora y que no pude ver los síntomas que ni ellos pudieron ver cuando llegaron a la casa a valorarla.

Aprender que a partir de esto seré mucho más atenta a mi intuición y a la intuición de los demás.

Tengo que darme gracia.

Perdonarme donde sentí que fallé. Pero no puedo cargar eso.

No me corresponde.

Aprender a liberarse del "hubiera" es crucial para poder sanar.

Perdonarse.

Perdonarme por no haber sabido hacerlo mejor.

Perdonar.

*

No sé si crees en el destino o no, pero yo sí creo que hay cosas que no podemos evitar, y tal vez el momento en el que alguien debe partir de esta tierra ya esté marcado en la línea de nuestro destino.

Cuando tenemos miedo, en momentos de mucho estrés, momentos de vida o muerte, la gente reacciona de maneras muy distintas, pero las respuestas fisiológicas, emocionales y psicológicas que están diseñadas para maximizar nuestras probabilidades de sobrevivencia se activan, y todos, absolutamente todos, tenemos algunas de estas respuestas cuando nos enfrentamos a algo tan complejo. Respuesta de lucha, de huida y de congelamiento.

Fisiológicamente se activa el sistema nervioso simpático, liberamos adrenalina y noradrenalina de las glándulas suprarrenales para que estemos listos para actuar con rapidez; aumenta nuestro ritmo cardiaco, se desactivan las funciones no esenciales, como la digestión y el sistema inmunológico, para asegurarse de que tenemos energía suficiente para la huida; y liberamos mucho cortisol, que es la hormona que nos ayuda a mantener los niveles de energía al liberar glucosa en la sangre.

Emocional y psicológicamente, la mente entra en un estado de hipervigilancia, lo que amplifica el miedo y la ansiedad. En algunos casos, esto nos ayuda a movernos y a reaccionar más rápido. El tiempo parece ralentizarse, lo cual se considera una estrategia de supervivencia para procesar mejor la información. Finalmente, se manifiestan conductas instintivas: la lucha, cuando intentamos confrontar o neutralizar activamente la amenaza; la huida, donde priorizamos escapar a toda costa; y el congelamiento, que ocurre cuando ni la lucha ni la huida son opciones, dejándonos solo la posibilidad de pasar desapercibidos para evitar el mayor daño posible, lo que resulta en una paralización momentánea.

Dentro de las nuevas investigaciones, recientemente han salido a la luz más respuestas psicológicas al estrés y al miedo. La disociación, por ejemplo, se caracteriza por una desconexión de la realidad inmediata, donde la persona se siente separada de su cuerpo o de sus emociones, como si estuviera observando la situación desde afuera. Este mecanismo protege a la mente de lo abrumador de la situación.

Durante esta experiencia viví todos los estados que describo arriba. Pasaba de uno a otro en cuestión de segundos. Y en cuanto vi a mi mamá salir de ese episodio de infarto cerebral entré en modo lucha. *Corran. Vayan por la camilla.* Daba órdenes como una loca maniática histérica. Era la jefa. La voz asertiva. *Nos vamos al hospital en este momento. Ven, tú... ayúdame a ponerle pantalones. Tú. La cabeza, agárrala con cuidado. Vas a estar bien. Apúrense. Súbanla. Tápenla que afuera está haciendo mucho frío. Mamá. ¿Me oíste? Vas a estar bien. A urgencias. ¿Por dónde te marca el mapa? Apúrate. Vámonos.*

Mi mamá sabía lo que le estaba pasando a pesar de que ni su hija ni el doctor ni los paramédicos supimos descifrar la gravedad de la situación. Pero hasta el final ella nos dijo que le estaba dando un infarto y que la lleváramos al hospital.

En la ambulancia, todo el caos que traíamos los paramédicos y yo cesó, y de repente nos envolvió un silencio brutal, pesado. Un silencio en el que solo se escuchaba la sirena de la ambulancia que andaba furiosa por las tumultuosas calles de la gran Ciudad de México, tratando de evitar el tráfico infame que la caracteriza. Mi madre, acostada y amarrada a la camilla que hay dentro de la ambulancia, respondió a mi casi grito contenido que reiteraba sin cesar: "Te amo, vas a estar bien, te amo, vas a estar bien, te amo, vas a estar bien, mamita", casi como un mantra. Y con la voz de alguien que sabe que todo está en su lugar, en un tono que irradiaba paz profunda, me dijo:

—Cam, te amo. Dile a la güera (mi hermana) sin asustarla, que la amo también. —Y después de unos minutos de un silencio cargado de presagios, añadió—: Si no sobrevivo, quiero que sepas que tuve una vida maravillosa.

Se estaba despidiendo.

Y yo —en lugar de aprovechar para despedirme honestamente como hoy pienso que habría preferido hacer y no pude— entré en negación:

—Vas a estar bien —le repetía.

Culpa.

Hubiera.

Me hubiera gustado haber tenido el temple, las herramientas emocionales y la paz en ese momento para haberle dicho que se fuera en paz, y que, sí, en efecto, su vida había sido maravillosa. Y no por el increíble peso de su historia, sino por la forma en la que eligió elevarse sobre ella.

Entendí con esto algo sumamente importante en mi búsqueda de crecimiento personal. Entendí por fin que el amor no se puede medir por momentos. El amor incondicional que profeso no deja de ser amor humano. Y como todo lo humano, está lleno de fallas y huecos y errores. El amor incondicional con el que amo es un amor humano, porque aunque venga de la pura conexión y conciencia universal, se filtra por nuestra experiencia y existencia.

Ese amor gigante. Con el que la amo. Con el que amo a mis hijos, a mis amores, a mis amigos, es para mí realmente incondicional. Con esto me refiero a que es el amor inamovible universal y este amor no puede ser reducido a un momento. Aun si este momento es crucial, como este.

Y la culpa nos hace justamente eso: nos reduce ese amor enorme a un momento. Un micromomento en el amplio espectro del espacio y del tiempo que nos contiene. La culpa es una de las emociones más desafiantes y complejas de transitar. Y nos sucede a todos en mayor o menor escala.

Surge en pensamientos persistentes como los que les relato: "Pude haber hecho más", "¿Por qué no estuve ahí?", "¿Por qué he sobrevivido yo y no ella/él?", "¿Por qué no contesté esa llamada?", "Si tan solo le hubiera dicho que…”. ¿Cuántas veces nos ha pasado algo así a nosotros mismos o a alguna persona cercana?

La culpa no siempre es lógica ni racional o proporcional. Todos nos arrepentimos. Todos estos arrepentimientos se deben a que reducimos el amor a esa pequeña expresión, cuando en realidad es solo una microscópica parte del enorme amor que nos habita. Ese momento no puede determinar una vida entera de dar y recibir amor.

Mi madre sabía que había dado y recibido mucho amor incondicional durante su vida y que era esto lo que la hacía haber tenido una vida maravillosa. Yo también deseo procurarme una vida maravillosa. Es a lo que realmente aspiro. No a tener un legado o ser famosa o tener más éxito material o más casas, más coches, más bolsas o babosadas materiales, sino a tener la plena seguridad de que mi vida está llena de amor. Que doy el amor que se merece la gente que amo. Que me doy a mí misma ese amor y la gracia y el perdón cuando cometo un error tratando de darlo.

¿Te imaginas estar muriendo y que en vez de entrar en pánico entraras a un lugar, a un espacio mental-emocional donde eres capaz de reflexionar sobre tu vida en calma y darte cuenta de que tuviste una vida maravillosa?

Era un “me quedo tranquila porque estoy llena de amor”. Era un “gracias, vida. Gracias”. Era un “quédate tranquila, hija, mi vida fue maravillosa, y ahora es momento de que termine esta parte del viaje". Era un "gracias".

Agradecer justo antes de morir. Para mí, eso es la cúspide de la experiencia humana. Morir con agradecimiento. Morir sabiendo que puedes irte en paz, pues lo diste todo. Todo el amor que podías dar está dado. Todo el amor que eres y serás siempre está plasmado en una vida. Esta vida.

Es una enseñanza magistral, difícil de poner en práctica, pero no imposible. Habrá gente que no entienda este amor, gente que le teme a este amor o que lo juzga como algo irreal, pero esto viene de su propio miedo a abrir su corazón, a que sean lastimados; resistir el amor viene de querer protegernos sin saber que el hecho de protegernos termina por lastimarnos aún más. Sin miedo, hay que reblandecernos si nos hemos hecho duros. Quitarnos capas de armadura que ya no nos protegen, sino que solo nos aíslan. Hay que tratar, sobre todo, de ser suaves en un mundo tan duro.

Procurarnos una vida maravillosa.

Dar las gracias por tener una vida maravillosa.

La vida perfecta

Si bien mi madre tuvo muchas cosas lindas en su vida, es una de las personas que conozco que ha tenido experiencias profundamente dolorosas y horrorosas en su vida, pero ella vino a este mundo a enseñarnos que se puede transitar esos lugares de oscuridad desde la luz. Ella fue el claro ejemplo de esto en su propia vida.

En la familia le decían Titi. Y cuando ella transformaba algo negativo en positivo, le decíamos que vivía en Titilandia, referenciando Disneylandia. Un mundo rosa y fantástico, de magia, donde las cosas se transforman fácilmente en lecciones y aprendizajes positivos. A ella, literalmente, le cantaban los pajaritos cuando despertaba. Pero lo valioso es que ella lo diseñó así. Ella construyó su Titilandia.

No voy a tratar de resumir lo irresumible: una vida. Con el miedo de volverme una carnicera al hacerlo, trataré de resumir lo más brevemente posible algunos eventos traumáticos que la marcaron. Excluyendo muchos otros y también excluyendo muchos momentos hermosos.

Creció en una familia disfuncional —como todos— con un padre alcohólico y una madre emocionalmente ausente. Sus dos hermanas mayores eran su refugio. Era un ambiente hostil para expresar cualquier tipo de sentimiento, a tal grado que una noche, cuando tenía como seis años, una de sus hermanas la encontró llorando debajo de sus sábanas cuando se suponía que dormían.

Se acercó a preguntarle si todo estaba bien, pero notó que las sábanas estaban mojadas. Era sangre. Mi mamá se había caído y tenía miedo de "molestar" a sus papás para que la llevaran al hospital.

A pesar de esto, ella siempre los entendió con compasión y empatía. Se casó con mi papá cuando aún era una niña de dieciocho años y este resultó ser un misógino abusador. Le pegaba y la hacía menos cada vez que podía. El día de su boda le rompió un brazo de la golpiza que le dio, entre tantas más. ¡Ah!, y su mejor amiga de ese entonces se acostaba secretamente con él. Y a pesar de esto, hasta el último de sus días, ella se preocupó por él, porque a él le sobrevino una demencia arrolladora (¿tal vez tenía que olvidar el mal que había hecho a los demás?), y ella le abrió las puertas de su casa y de su corazón con compasión siempre que él lo necesitó. Después, se volvió a casar con un tipejo que resultó ser un estafador profesional que le robó todo el dinero que tenía.

Lo más fuera de serie, horrible y sórdido fue cuando la secuestraron en Ciudad de México y, durante un mes, vivió el infierno sobre la tierra. Vivió durante esos días todo lo más horrible de lo que es capaz el humano y, para sumarle, al mismo tiempo su media hermana se volvió loca y empezó a venderle notas de odio y mentiras sobre ella a la prensa. Y a todos, a absolutamente todos, los perdonó en vida. No se quedó ni se guardó ningún rencor. Ella sabía que el que perdona, gana. Como decía el clérigo sudafricano Desmond Tutu: "Perdonar no es solo ser altruista, es la mejor forma de interés propio. Si puedes encontrar en ti mismo la fuerza para perdonar, entonces ya no estás encadenado al perpetrador". También nos enseñó que: "El perdón es la única manera de sanarnos y liberarnos del pasado. Sin perdón seguimos atados a la persona que nos hizo daño".

Perdonar a los demás, pero lo más importante: perdonarnos a nosotros mismos. Perdonar(nos) no significa justificar u olvidar, significa liberarnos del peso que llevamos dentro. Un acto de suma valentía y humildad que nos libera y nos permite sanar. Seguir.

La importancia de perdonarnos cuando sentimos culpa. Perdonar a los demás porque son humanos y a veces actuamos desde nuestras heridas, desde nuestras limitaciones, y siempre desde el nivel de conciencia que hemos cultivado. Como dijo Jesús en la cruz: "Padre, perdónalos porque no saben lo que hacen"; esta es una invitación a reconocer la complejidad del ser humano y entender las limitaciones inherentes a cada uno de nosotros.

El perdón hacia quienes no supieron hacerlo mejor, incluso si esos "quienes" somos nosotros. Todos hacemos lo que creemos que es mejor en su momento, aun si esto es algo escalofriante o terrible. Repito que no es justificación de nada, es solo entender el perdón desde la empatía y compasión máximas. Soltar y no cargar con el dolor es lo que nos toca hacer para poder avanzar sin ataduras. Desmond Tutu también decía: "No hay futuro sin perdón". Y volviendo al duelo, este nos enfrenta con una realidad irreversible, pero el perdón nos ofrece la reconciliación con ese pasado, lo que sea que tengamos atorado con culpa, y nos libera de ese peso que no nos permite ir hacia adelante.

Soltar culpas, resentimientos, dolores y el "hubiera"...

❄

Mi madre era una rubia despampanante. Y el cliché dice que las mujeres guapas no pueden también ser inteligentes. Sus allegados, e incluso su familia, le decían: "¿Cómo puedes perdonar a tal o cual si te hizo esto y aquello?" —incluso a sus secuestradores y a los responsables de esto —, y ella entonces los miraba con sus ojos grandes y azules y les decía que el perdón es lo que la iba a liberar finalmente de todo aquello, lo que le salvaba la vida.

Nada está más allá del perdón. Nada. Y eso es, a veces (muchas veces), muy difícil de comprender.

Muchas veces la gente confunde la bondad y la inteligencia suprema de hacer alquimia con la oscuridad con que alguien es "blando" o "tonto" o con que no transita las profundidades del ser, o sea, alguien superficial. Y es justamente lo contrario.

Se requiere de mucha más fuerza para ser vulnerable. Se necesita ser valiente para ser suave, se necesita mucha más valentía para ser bondadoso y amoroso, y suave e inteligente emocionalmente, que para ser implacable y duro. Se necesita más valentía para ser honesto que para mentir. Se requiere de toda tu compasión para perdonar. Y, a la inversa, no se te pide nada para guardar rencores y odios. Para ser duro solo necesitas irte cerrando al amor. Haciendo caparazón para que no te lastimen más. Y eso solo termina aislándonos. Convirtiéndonos en islas imposibles de alcanzar.

Es más complejo ser bueno con uno mismo y liberarnos de lo que nos ata al dolor que seguir perpetuando los patrones que el mundo nos enseña, patrones de dolor y sufrimiento. Apelar a la conciencia. Actuar desde ella. No reaccionar con el látigo del espejo que es el otro cuando nos refleja lo más oscuro de la humanidad.

Elegir el camino correcto es siempre más difícil, pero siempre, siempre, es más recompensado. ¿Por quién? Por ti. Por tu vida. Por la vida misma. Es un camino que exige coraje, integridad y sacrificio.

Coraje: no es la ausencia del miedo, sino la voluntad de avanzar a pesar de él. Mirar de frente lo que duele, lo que incomoda y lo que pone a prueba nuestra fortaleza. La fuerza que nos sostiene cuando dudamos. No son grandes gestas heroicas: son pequeños actos de valentía diaria los que construyen una vida íntegra.

Integridad: vivir alineados con nuestros valores, lo que creemos y sentimos como verdadero. Ser uno con lo que pensamos, hacemos y decimos. La brújula que nos orienta en medio del caos. Nuestra verdad desde el amor que profesamos. Sostenernos firmes, enraizados incluso en algo que trasciende las circunstancias del momento.

Sacrificio: no como castigo o renuncia vacía, sino como un acto consciente de soltar algo en el presente para honrar algo más grande y más profundo. Dejar ir algo para poder tener algo más. Soltar certezas cómodas momentáneas para sostener una verdad más amplia. Saber que no todo lo valioso se manifiesta de inmediato, saber soltar el control. Un acto de fe.

No hay atajos ni garantías inmediatas, es un sendero que muchas veces se recorre en soledad y en silencio, guiados solo por la brújula de nuestra conciencia. Elegir este camino muchas veces nos enfrenta al miedo de asumir la incomodidad y sostener decisiones difíciles cuando sería más fácil conformarse o rendirse al odio, al miedo, y perpetuar el "mal" que nos han hecho o que hicimos. Los frutos del perdón son frutos que se cosechan ya maduros, son de sabor profundo y dulce. Al elegir el perdón estamos eligiendo la coherencia con nuestros valores y con la integridad de nuestro ser.

Con el tiempo, estos frutos dulces se revelan como cimientos sólidos sobre los cuales nuestra vida se construye con autenticidad, y la paz que genera esa cosecha es más dulce que cualquier otro sabor. La recompensa es mirarte a los ojos en el espejo y tener la certeza de que te liberaste y que nada ni nadie puede quitarte esa libertad.

Recorrer el camino de la coherencia es como andar descalzo sobre la tierra, sabiendo que tu fe en lo invisible puede aún no manifestarse, pero con la certeza de que es tu propio camino y que no hay otra senda más que el camino que andas: este es tu camino. ¿Y cuál es la recompensa del perdón? La recompensa es vivir en paz. Y el camino hay que recorrerlo, así nos sangren los pies.

Tener mejor karma no es acumular puntos que luego la vida te regala, tener mejor karma es poder morir diciendo: "Tuve una vida maravillosa". Porque al perdonar te liberas. Te liberas de seguir atado a esa situación, a esa persona, a esa memoria. Perdonar te va liberando de seguir atado a una historia que cuenta que eres una víctima que no tiene agencia sobre su vida. Las cosas que nos suceden pueden ser aleatorias o puede ser el destino, pero lo cierto es que no nos podemos librar de vivir cosas que nos marcan, cosas que nos dejan una cicatriz profunda en el alma. Pero por suerte, no somos lo que nos sucede: somos lo que decidimos hacer con lo que nos sucede. Esa es nuestra magia y nuestra esencia.

Tener una vida maravillosa no es haber vivido puras cosas positivas y hermosas. Tener una vida maravillosa tiene que ver con nuestro poder de transformación. Con nuestro poder de hacer alquimia. Nuestra relación con las dificultades de la vida. Las decisiones que aún nos quedan por tomar. Tener plena conciencia de que cada decisión nos hará transitar la experiencia que nos está tocando vivir desde una perspectiva diferente y tener la capacidad de reconocer que siempre podemos tomar otras decisiones si queremos.

Decidir transitar los momentos oscuros desde la luz.

No siempre se puede ver esta luz desde el inicio. Tal vez, por momentos, ni siquiera se vea la luz al fondo del túnel. A veces se necesitan años para acomodar una vivencia y transmutarla. Vas sanando de a poquito. Y cada vez te haces más fuerte, y cada vez sale algún aspecto nuevo de la vivencia o trauma a sanar.

Un año antes de morir, mi mamá me pidió que la llevara a una región al sur de Francia en la que se había casado con mi papá, el mismo lugar en que le rompió el brazo en la primera noche de bodas de la golpiza que le dio.

Ese trauma que ella ya había trabajado durante años: el trauma del abuso constante, del abuso físico, del abuso emocional, del abuso que lamentablemente tantas mujeres sufren, el abuso que perpetúa quien se supone que te debe amar, del abuso que sufrió cuando era aún una adolescente, pues se casó a los dieciocho años.

Me dijo un buen día por teléfono que ya quería cerrar ciclos y que este era todavía un pendiente en su vida. De hecho me dijo:

—Cam, llévame a ese lugar este año, antes de que me muera...

Yo, por supuesto, le dije que de qué hablaba si tenía sesenta y tres años, era muy joven y, además de joven, estaba sanísima, que no me chantajeara con eso de: "¡Antes de que me muera!".

Pero algo en mi corazón supo que tenía que llevarla. Incluso cuando le hablaba por teléfono a un amigo sobre la conversación del viaje que tuve con mi mamá, le dije: "Es que, imagínate, ¿si se muere? Tengo que hacer este viaje", aunque hablamos también de lo joven que era y lo improbable de esa situación. Pero había una inmensa intuición en mí que me decía que teníamos que hacerlo.

Así que organicé a mis hijos y nos fuimos de viaje mi madre, mis hijos y yo a Francia en un *road trip* de sanación para mi madre.

Y en efecto. Fue el último viaje que haríamos en esta vida juntos, mis hijos, mi madre y yo.

Dicen que la gente que se muere ya sabe en su interior que va a morir. Que hay algo en su ser superior que tiene ya esta información. Hay gente que se despide o que empieza a hablar del tema cuando antes no era algo de lo que hablaba normalmente, que comienza a acomodar cosas, a tirar a la basura lo que no quiere más, a gestionar cuestiones legales, e incluso hay gente que se despide sin saber que se está despidiendo. Y mi madre no era la excepción. Estoy segura de que lo expresó sin mucho pensar cuando me dijo: "Llévame este año, antes de que me muera". Fue un decir, fue como algo espontáneo que le salió del alma. Pero ahora que lo pienso en retrospectiva, es muy fuerte cómo el alma sabe cosas que la mente aún no.

Durante años, trabajó el trauma de haber sido víctima de un hombre que la abusaba; durante años, trabajó el trauma de haber sido secuestrada y violada; durante años, trabajó el trauma de haber tenido un miembro de la familia que la traicionó; durante años, trabajó cada una de sus vivencias traumatizantes para cargar menos peso a la hora de dejar este cuerpo físico, esta mente.

Ir a Francia significaba cerrar con broche de oro el trabajo que había hecho toda su vida. Fue un parteaguas en su trabajo interior. Un trabajo interior de perdón absoluto. De dejar ir el pasado. De soltar el dolor para que no ocupara el espacio del gozo.

Una vida perfecta no existe, pero sí existe una vida plena y bien vivida, libre de las ataduras del rencor.

Soltar, soltar, soltar

La importancia de seguir sanando hasta el final de nuestros días es una lección con la que me quedo. Las cosas no se sanan ¡y listo!, cambio de página, sino que cambias de página y luego tienes que volver a esa misma página porque resulta que hay unos detalles que aún siguen siendo cosas que debes trabajar de la misma lección que creías que ya habías superado. Se va sanando con el tiempo y la madurez. Vamos poniendo en su lugar las piezas para que construyan y no sigan lastimándonos.

Soltar todo lo que se pueda.

No cargar con exceso de cosas materiales.

Mi madre todo compartía o regalaba.

Desapego.

En vez de acumular cosas, ropa, joyas y zapatos hacía todo lo contrario. Al final de su vida tenía tan pocas pertenencias que mi hermana y yo nos tardamos exactamente tres horas en sacar todo.

Guardaba memorias. Experiencias.

Terminó su vida viviendo de la manera más simple posible: un par de zapatos para cada estación del año, un puñado de vestidos y poco más.

En la época en la que vivimos, donde nos enseñan lo contrario, esto es una lección de humildad y verdad.

Nos enseñan a acumular. Mientras más tengamos, más valemos. El trabajo, por ejemplo, o poner nuestro valor donde no va, en percepciones externas de nosotros o en cosas materiales. Yo peco de esto a veces y por eso me es importante ponérmelo sobre la mesa.

No significa que esas cosas banales me importen demasiado, pero les he dado en mi vida un lugar que no merecen. Porque me he confundido con lo que me ha dicho la cultura toda mi vida. Que estas cosas materiales me van a dar seguridad.

Y la verdad es que después de que obtenemos los medios básicos para sobrevivir —me refiero a un techo, comida y confort básico— lo demás es solo más, es divertido sí, y brillibrilli, pero no es lo que nos va a dar una sensación de seguridad o de paz o de nada de lo que se cultiva con el espíritu.

Lo que sí da esa persecución sin fin es angustia. Es como una carrera que nunca ganas, no importa qué tan bien corras. Hasta los muy muy ricos te pueden corroborar esto. No se trata de cuánto tengas, sino de percibir cuán vasto y generoso es el universo. Este es muy generoso, y la abundancia es una energía a la que podemos acceder siempre y cuando tengamos claro que la armonía entre el bienestar interior y la manifestación externa (donde los recursos materiales fluyen) es el reflejo de un estado de plenitud espiritual, de gratitud y de tener una conexión con nuestro propósito de vida.

Mi madre aprendió a soltar el apego a lo material. Se desprendía de todo lo que no fuera esencial. Para explicarlo mejor: regaló casas y joyas cuando era muy joven y tenía dinero. En los últimos días de su vida, cuando no tenía tanto, estaba pasando unas semanas en mi casa en Madrid para ayudarme a cuidar a mi hija Fiona. Por entonces, veía en un aparador de una tienda el vestido que estrenó solo el día que mi hermana y yo la vestimos cuando ya estaba muerta, y no tenía con qué comprarlo. A pesar de eso, me llamaba todos los días para decirme que había hecho un nuevo amigo, un indigente al que le regalaba la mitad de su comida.

Pasaba todos los días por el mismo sitio y le llevaba la mitad de lo que ella comería ese día y le decía: "Mira, amigo, mitad tú y mitad yo y así comemos juntos". Ella, que había tenido joyas y vestidos de todas las marcas de lujo y casas en todas las ciudades más importantes del mundo, ahora —al final de su vida— sabía que nada de eso la hacía ser quien era. Haber perdido eso no la hacía menos y no la hacía más haberlo tenido todo. Sabía que no valía la pena perseguir la zanahoria que nos vende la cultura como la panacea de todos nuestros problemas. Sabía que el flujo natural de dar y recibir es infinito. Cuando compartes desde el corazón envías un mensaje muy poderoso al universo. Un mensaje de abundancia. Y ella tenía mucha abundancia de amor en su vida. Y ese es el tipo de abundancia que realmente importa. Ella honraba la riqueza de su interior como la raíz de su abundancia, y lo que cosechaba era solo el fruto.

El arte de soltar

Soltar. Todo ser humano va experimentando durante su vida lecciones sobre soltar. En algún momento de la vida, todos enfrentamos aquello que debemos soltar. Es una máxima. "Suelta", nos dice el universo.

Nos toca vivirlo en separaciones de relaciones de pareja, cuando los hijos se hacen mayores, soltar ideas que creías absolutamente ciertas, relaciones que ya no nos nutren, un sueño que ya no podemos cumplir o que ya no resuena con quienes somos, o incluso, hay veces donde hay que soltar una identidad que ya no resuena con nosotros.

Las lecciones sobre soltar son infinitas y personales, pero para todos, soltar es la lección por excelencia en este plano terrenal. Hay que soltar para liberar el espacio necesario para que algo nuevo pueda florecer en su lugar.

Soltar cuando alguien muere es lo más cercano que tenemos antes de que nos toque soltar nuestro propio cuerpo, nuestra propia mente, y nos toque trascender. Sin embargo, soltar es uno de los actos más desafiantes que enfrentamos porque estamos condicionados a aferrarnos. A querer que nunca terminen las cosas. A veces, nos aferramos a cosas, personas o circunstancias que nos lastiman, pero como nos da miedo lo desconocido, pensar en lo que sucederá si lo que conocemos desaparece, nos quedamos en estas circunstancias.

Elegimos el dolor familiar en vez del miedo a lo desconocido. ¿Por qué nos cuesta tanto soltar? Nuestra resistencia a soltar viene de nuestra necesidad de control. Queremos controlarlo todo para que salga de acuerdo con nuestras expectativas. Creemos que si soltamos vamos a perder la estabilidad que ya hemos cultivado o el valor, e incluso el rumbo de nuestras vidas.

Lo que no soltamos nos ata. Nos arraiga a pensamientos, personas, situaciones o cosas que no nos dejan crecer hacia ninguna dirección; nos bloquea la energía para que algo nuevo entre a nuestras vidas. Nos limita y aleja las infinitas posibilidades que nos esperan en el camino.

Soltar es un acto de amor propio. Soltar es un acto de evolución. Rendirse a lo que el universo nos quiere decir. Un autor que me gusta mucho, Adam Phillips, en su libro *On Giving Up,* aborda la idea de rendirse no como un acto de derrota, sino como un espacio de transición que puede ser profundamente liberador.

En un duelo, rendirse se convierte en un acto de crecimiento espiritual y de receptividad al cambio. A un cambio de formato. De forma física a forma meramente espiritual. Rendirse es reconocer la pérdida y dejar de luchar contra ella. Permitir el dolor en lugar de resistirlo, para que a través de la aceptación se vaya creando un espacio para la sanación y la transformación que este proceso requiere de nosotros. En este sentido, rendirse no es abandonar la memoria o el amor, sino soltar la resistencia a lo inevitable.

Phillips redefine la rendición como una habilidad, no como un defecto. Dice: "Rendirse puede ser un tipo de aceptación radical: aceptar que no somos omnipotentes, que no podemos tenerlo todo, pero que lo que realmente importa puede estar esperándonos del otro lado del abandono".

Yo sugiero que lo que realmente importa es nuestra relación completamente renovada con la espiritualidad y con el universo/Dios en su totalidad. Cuando dejamos de luchar en contra de lo que no podemos controlar, nos abrimos a una conexión más profunda con algo más grande que nosotros: el flujo natural de la vida, el propósito superior, la confianza hacia la vida misma.

Desde una perspectiva espiritual, soltar o rendirnos es la disposición de decir: "Confío y reconozco que hay fuerzas en juego que operan más allá de mi conocimiento, más allá de mi control y de mi comprensión, y permito que estas fuerzas trabajen a mi favor en lugar de resistirlas".

Cuando mi mamá estaba en el hospital, en las ventanas cognitivas del neurólogo, lo primero que hizo fue sonreír. Les sonreía a los doctores, a unos más que a otros. Y a nosotras. Esto representaba un esfuerzo monumental de su parte. No podía mover el cuerpo. Solo podía hacer muy pocos movimientos, pequeñísimos. Su cara estuvo completamente paralizada durante días, así que, cuando vimos que lo primero que quería recuperar era la sonrisa, nos sobrevino a todos —incluidos doctores y enfermeras— un sentimiento de esperanza. No solo de que se podía recuperar, que eso no lo determina una sonrisa, sino esperanza y fe de ver a otro ser humano —en el estado más frágil, crítico, deplorable— sonriendo.

Sonreír es un acto social. Sonreía para nosotros, nos tocaba sin usar sus manos. Una vez más, y ahora por última vez, nos mostraba el camino. Se dice fácil, pero ese camino es siempre el más difícil. En este momento final de su vida, ella —mi maestra— me enseñaba cómo se puede elegir la valentía y la luz hasta en los momentos donde uno no creería que se puede.

Valentía.

Soltar y confiar.

Su enseñanza de amor incondicional permanecía a pesar de que todo su sistema operativo estaba fallando de manera irreversible.

Soltar también es aceptar nuestra vulnerabilidad. Reconocer que no tenemos todas las respuestas. Soltar que creemos que todo lo que existe, lo que conocemos con nuestros cinco sentidos, nos abre la puerta a la posibilidad de encontrar guía en la fuente divina, en nuestro interior o en personas que ya no están en este plano. Cuando soltamos el control, nos damos cuenta de que lo que nos sucede no es algo que necesitamos vencer o controlar; en cambio, podemos empezar a relacionarnos de una manera colaborativa con el universo.

Aquí entra el término "alineación espiritual", que es estar en sintonía con el flujo universal, donde tenemos que responder, y no resistir, a lo que la vida nos presenta. Tenemos que reconocer nuestra interconexión. Tenemos que entender que no estamos separados del todo. Somos parte del todo. Puede cambiar nuestra forma física, la forma que conocemos, pero no cambia nuestra esencia. El tremendo dolor de la pérdida nos obliga a transformar nuestra percepción, a generar una relación más íntima con la vida misma; transforma nuestras prioridades. Nos obliga a conectarnos con el lado espiritual de nuestra existencia.

Yo quiero aprender a soltar todo lo que no me suma. Quiero poder soltar hasta que pueda estar en ese momento cuando me toque trascender, y saber que puedo relajarme, y saber que puedo y soy capaz de soltar mi cuerpo físico, la mayor prueba en este plano humano.

El cuerpo.

La mente.

Ciao.

No soy yo mi cuerpo, no soy yo mi mente.

¿Soy mi espíritu?

Soy todo y no soy nada.

Sin pelea.

Sin angustia.

Soltar confiando.

Como ella.

Soltar sabiendo que es parte de la experiencia humana y está bien hacerlo.

Es más: no hay de otra.

Hay que hacerlo.

Hacer las paces con Dios

¿Por qué a mí, Dios?

¿Por qué te la llevaste a ella/él?

¿Por qué me quitas a la persona que más quiero?

Clamamos y reprochamos a Dios por su injusticia.

De repente los ateos creen en Dios y a los creyentes se les termina la fe. La relación con "Dios" se convierte en algo convulso y complicado, o de repente toma una claridad casi irreal y puedes sentir su presencia en cada momento del dolor.

Esto no depende de qué tan religioso eres o qué tan espiritual eres. Esto depende de cuál sea tu verdadera relación con Dios y lo que entiendes por ello.

¿Es Dios para ti algo a lo que puedes acceder? ¿Te conectas regularmente con tu versión, cualquiera que esta sea, de Dios? ¿Quién o qué es "Dios" para ti?

Yo crecí católica, como la mayoría de los mexicanos de mi generación. La Virgen, el bautizo, el catecismo, la Iglesia, las misas, la primera comunión, la hostia, los escándalos del dinero, los escándalos sobre pedofilia, la confesión, el deber, el repetir sin entender, el guardar silencio y, sobre todo, el no hacer muchas preguntas, la sumisión.

La versión de Dios que me predicaban no me satisfizo por mucho tiempo. Desde niña podía percibir que el acotado espacio donde limitaban a ese TODO que terminamos nombrando "Dios" no era verdadero, adecuado o, a falta de palabras a esa edad, solo no se los compraba.

Mi "Dios", mi TODO, era más grande de lo que me contaban. Era TODO y de todos, y esto era solo una versión de aquello y solo podía pertenecer a algunos.

Cuando era adolescente y descubrí a Nietzsche y a la física cuántica, empecé a darme cuenta de que había más gente que pensaba como yo; está de más decir que no era muy social y que de estos temas no se hablaba normalmente con nadie en los noventa, más que con tus libros y tus libretas.

Lo que no entendía es que tenía un problema con el concepto de Dios que me habían enseñado, tenía un conflicto con la palabra misma y no con "Dios". Porque ¿cómo puedes tener un problema con el concepto del TODO, el pulso del que venimos y al que vamos cuando este viaje de la vida se termina?

El concepto reducido, al que le caben reglas humanas y condiciones, ese es el que para mí no representa el TODO.

Me costó años poder recuperar y volver a usar el nombre de Dios. Poder volver a nombrar al TODO con esa manera fue un trabajo de años. Ese nombre, usado tanto para perpetuar maldades que me repelían como para hacer el bien, tenía algo que me impulsaba a buscar mi propia versión. Mi propia verdad.

Y por fin pude hacer las paces con la palabra. Porque es solo una palabra que nosotros, pequeños humanos, utilizamos para poder nombrar lo innombrable. El TODO. El pulso de la vida. El misterio. Podría decirle así, cualquiera de estas me gusta y me satisface, pero "Dios" es una palabra que todos podemos entender que significa lo más grande para cada uno de nosotros, sea este concepto algo distinto para cada persona.

Ya no me saca de onda decirle Dios, ni lo relaciono con algo que no me representa lo que para mí es. Puedo ponerle el nombre que quiera y sé qué es. Sé que es TODO y que nos sostiene y que ahí es adonde vamos y de dónde venimos. Esa fuente. Esa gran ánima. Esa gran luz.

La palabra "dios" proviene del protoindoeuropeo *dyeu-* o *deiwos,* términos que aluden a la idea de brillar o ser luminoso. También esta raíz está relacionada con Dyeus Pater, el dios del cielo en la mitología indoeuropea, que luego le da origen a Zeus en la mitología griega, y a Júpiter en la romana. Dyeus está asociado con la luz y el día. En español, "deus" evolucionó a "dios", y en el cristianismo, cuando se expandía en el Imperio romano, los teólogos latinos comenzaron a utilizar "deus" para traducir el concepto judeocristiano del Dios único (Elohim/Yahvé en el judaísmo, Theós en el griego cristiano) y desde entonces, en los idiomas derivados del latín, se convierte "Dios" en el nombre común para la deidad monoteísta.

Después de hacer las paces con el nombre, hago las paces con la idea de que nadie me "quitó" a nadie. Porque, en el fondo, nadie era mío. Y no hay un señor de barbas blancas vengativo que vive en una nube y decide cómo hacernos miserables porque está aburrido un miércoles por la tarde. Dios es tan perfecto que todo vuelve a ello. Y nosotros somos parte de ello y volveremos uno de estos días. Y seremos todo con todos y con TODO de nuevo.

Polvos de estrellas y polvo de huesos.

Si vivimos más cerquita de nuestra versión de Dios, estaremos más cerquita de entender que esta vida es transitoria. Y solo transitoria.

Nadie sale vivo y eso está bien. No deberíamos temerle a la gran premisa de la vida, a lo único irremediablemente inevitable: a la muerte. Hemos de integrarla como parte de la experiencia de estar vivos. Solo así podremos realmente hacer las paces con Dios. Haciendo las paces con la verdad.

Huérfanos espirituales

Hablo mucho de la espiritualidad, pero mi teoría es que somos una generación de huérfanos espirituales. Rechazamos los valores y las religiones impuestos por nuestros padres y antepasados, pero hemos olvidado sustituirlos con algo más. Esto termina dejándonos con un vacío espiritual profundo, en una búsqueda que parece interminable y que a veces se asemeja a un callejón sin salida. Hemos quedado en una especie de limbo espiritual, sin estructuras o bases claras que llenen ese vacío. La mayoría de nosotros crecimos viendo las contradicciones de las religiones organizadas: su autoritarismo, el dogmatismo y un sinfín de escándalos éticos.

Nos ha tocado ver y vivir las consecuencias de esas contradicciones. Religiones que parecen más enfocadas en el control de las masas y el poder que en la búsqueda espiritual auténtica. Religiones que no dialogan con los cambios sociales, con los valores que han emergido, como la igualdad de género, la diversidad en temas sexuales y el respeto a diferentes identidades. Aunado a esto, el avance en la ciencia y en el pensamiento lógico y racional promovió la idea de que la espiritualidad era algo obsoleto.

Y poco a poco todo nos fue orillando a dejar de lado esa parte y la fuimos reemplazando por una visión materialista del mundo. Haciendo esto —como podemos imaginar— no solo se vieron afectadas dichas religiones organizadas, sino también nuestra relación con lo espiritual. Nuestra relación con lo místico. Perdimos una relación que es tan antigua como la humanidad misma. Hay evidencia arqueológica y antropológica que demuestra que los seres humanos hemos buscado la trascendencia, lo sagrado, el sentido de la vida, desde tiempos prehistóricos. Esta desconexión nos está costando una parte esencial de nuestro ser, la parte que tiene más curiosidad que miedo; la parte que juega y se divierte, sin temor a ser juzgada; la parte que venera al mundo y sus habitantes porque se queda atónita ante el misterio y lo reverencia.

Estamos más conectados a la realidad que hemos construido y hemos dejado de cuidar el misterio, y cuando dejamos lo místico de lado no podemos transformarnos. Como diría mi amiga Ajo, la micropoetiza: "Veo, veo, ¿qué ves? Pues en general mucho gusano y poca mariposa".

Estamos en una era donde estamos hiperconectados. Estamos disponibles todo el día, 24/7, a estímulos comerciales, a que nos contacten amigos y extraños; conectados a una fábrica de consumo donde nosotros somos el producto. Conectados más que nunca, sobreexpuestos a estímulos constantes que nos hacen sentir parte de una comunidad invisible. Falsa. Desconectados del propósito real de la vida.

Vivimos una fragmentación cultural que en realidad no tiene una narrativa compartida. La narrativa compartida es de suma importancia, pues nos da un sentido de vida y de comunidad real. Nos hemos quedado sin un marco colectivo de significado. Si le sumamos a este vacío espiritual factores actuales como el cambio climático, las pandemias, las crisis económicas, la polarización política, como hemos dicho, la disrupción tecnológica, las guerras y la violencia que hay en el mundo, nos quedamos con un caos que no puede más que gestar una era de tremenda ansiedad y vacío. Cuando carecemos de una vida espiritual, carecemos de significado, más allá de las tareas diarias o los objetivos superficiales. Sin embargo, somos muchos los que estamos en una búsqueda constante —aunque, me atrevo a decir, fragmentada y dispersa—.

Encontramos refugio en la meditación, en el yoga, en rituales de comunidad, en iglesias pequeñas con pastores modernos, en los cristales, en la astrología, en las experiencias psicodélicas, en los gurús de *wellness*, e incluso en la ciencia, en la mente y en la lógica. Todos los caminos se ven distintos y no hay uno mejor que otro. Mi madre diría: "Todos los caminos llevan a Roma", porque ultimadamente, lo que necesitamos es conectarnos a un propósito más amplio.

Al TODO.

Todas nuestras búsquedas son válidas y todas son reveladoras. Cada experiencia, como las que describo y las que olvidé escribir, todas las experiencias que buscamos para conectarnos, nos conectan a algo más grande que nosotros mismos. También existe una que nos conecta a todos, la única que vamos a vivir todos: la muerte (y el duelo). En la pérdida encontramos la conexión con el todo. Podemos converger aquí, en el dolor, porque aquí existe la compasión, la conexión, la búsqueda de un propósito, la introspección profunda y la realización de que todos somos parte de algo más grande que nosotros mismos.

Estamos creando una conexión profunda sin dogmas heredados. El estado de orfandad espiritual nos permite replantear nuestra relación con lo trascendental desde el dolor. Este es el potencial transformador de los huérfanos espirituales.

Estamos redefiniendo la espiritualidad que no necesita estar atada a dogmas, instituciones o figuras autoritarias, sino que se define como una conexión profunda con el presente, la comprensión de la interconexión entre todo lo que existe; practicar gratitud, compasión e, insisto, presencia.

Reconstruir rituales y empezar con el ritual de estar presentes. Atentos al momento que estamos viviendo. Sincronizados con el ritmo de la vida.

Parece sencillo, pero el ritual de la presencia puede ser algo transformador. Podría ser el inicio de la reconstrucción de una espiritualidad personal y colectiva que nos permita reconectar con los demás, con el universo y con nosotros mismos. En este ritual de la presencia, la atención es la medicina. Romper con el piloto automático que gobierna nuestras vidas. Tener la decisión de no solamente reaccionar ante las cosas que nos suceden, sino poder responder conscientemente. Apreciar lo que se nos presenta, lo que sí tenemos.

Cuando nos enfrentamos a la muerte, estamos cara a cara con el misterio más grande del mundo. Entre ese misterio y nosotros existe un abismo, un gran risco con un enorme vacío que nos divide. Vislumbrar esa abismante profundidad genera toda clase de sensaciones que van desde el vértigo y el terror hasta la inocente curiosidad. A mí me da una sensación en la panza cada vez que lo pienso. Una sensación que he aprendido a desvincular con sensaciones negativas y la he reposicionado. ¿A dónde? A donde viven esas sensaciones que nos dan las cosas que no podemos definir, que no podemos saber a ciencia cierta. El lugar a donde van los misterios, ese lugar dentro de nosotros reservado para lo más sagrado y reverenciado, para el silencio y para la contemplación. Donde vive el silencio puede habitar lo sagrado. En el silencio no cabe la indiferencia. Cuando observamos algo, sin juzgar y sin ruido mental, cuando verdaderamente le regalamos nuestra presencia en la quietud, estamos mirando al mundo como es y no como nosotros somos. Así nos conectamos con la presencia absoluta. Conectemos con algo más grande, como sea que le quieras llamar, como sea que quieras conectar con ello. La importancia de hacer esta conexión no solo radica en cómo nos va a ayudar a transitar un duelo o una pérdida, sino en cómo nos conectamos con la vida que vivimos, cómo nos conectamos con nosotros mismos. ¿Cómo vamos a decidir vivir esta vida que, por lo poco que sabemos, es la única que tenemos? Vivir desde el asombro y la conexión le da una dimensión nueva a la vida. Reclamemos nuestro derecho al asombro. No todo tiene que ser explicado.

Reivindiquemos el misterio como algo sagrado.

Si eres algo como yo, tienes un lado espiritual, pero también uno muy práctico, pragmático e inclinado hacia la ciencia. A mí me gustan los datos duros y no me inclino a la credulidad incuestionable que muchos caminos espirituales proponen. Me gusta saber que hay algo de sentido o coherencia en estar vivos y que estamos tratando de entenderlo desde muchos frentes, así que trato de mantenerme al tanto en la ciencia.

Desde que soy niña, tengo pocas memorias de mi infancia, pero tal vez desde que tengo aproximadamente ocho años, me pasa algo que es difícil de explicar. Y el año que murió mi madre me pasó más veces de lo normal, así que le llamé a mi mejor amigo. Él tiene una terapeuta en Nueva York que es muy buena, y le pedí que le preguntara, por favor, en alguna de sus sesiones de terapia personales, si lo que me sucedía era una especie de sinestesia. La sinestesia es algo así: imagina que puedes sentir los colores, escuchar los sabores o ver la textura de una canción. La sinestesia es como si los sentidos se tomaran de la mano y decidieran experimentar el mundo juntos, fusionando experiencias que normalmente estarían separadas. Esta era la explicación más cercana a lo que me sucede. Puedo— una vez más, es difícil de explicar— percibir figuras geométricas. Ya sé, suena muy alocado y extraño, pero de verdad que busqué por todos lados una explicación, tenía que haber alguien más que estuviera experimentando algo similar o lo mismo.

Me cansé de buscar en foros de internet donde la gente compartía sus experiencias con la sinestesia y nunca encontré nada. Hasta que hace varios años me topé con un libro de un científico cognitivo y profesor de la Universidad de California, Irvine, Donald Hoffman: *A Case Against Reality* (El caso contra la realidad) El trabajo de Hoffman se centra en la percepción, la conciencia y la relación entre la mente y la realidad, y es conocido por su teoría radical de que nuestros sentidos no nos muestran la verdad sobre el mundo, sino solo una interfaz evolutiva diseñada específicamente para maximizar nuestra supervivencia. Incluso ha desarrollado modelos matemáticos que argumentan que lo que percibimos —colores, formas, espacio y tiempo—, no refleja la estructura fundamental del universo, sino que es una representación simplificada. Como si estuviéramos viendo iconos en una pantalla de una computadora que oculta el código subyacente.

Leí el libro y quedé fascinada; sin embargo, lo olvidé pronto y me seguí con otro tema. Soy neurodivergente y una de mis "fortalezas" es la hiperfijación. Para los que no saben qué es, es como un superpoder que, bien canalizado —lo que no siempre sucede—, puede llevarnos a sumergirnos profundamente en un tema o actividad perdiendo la noción del tiempo y del mundo exterior, llevándonos a niveles extraordinarios de creatividad, productividad y aprendizaje.

Así que me hiperfijé en el tema siguiente, olvidando el libro. Dos años más tarde, haciendo tiempo para poder dormirme, porque esperaba que uno de mis hijos adolescentes llegara a casa, me topé con una plática de

Hoffman en YouTube. Era una plática sobre su libro, y lo empecé a recordar con mucha curiosidad y, cuando ya me estaba por quedar dormida, empezaron a hablar sobre su más reciente investigación, que sugiere que la red de conciencia no solo está más allá de nuestra percepción, sino que también podría estar más allá del tiempo-espacio.

En las investigaciones recientes de física teórica están desafiando la noción de que el espacio y el tiempo son fundamentos absolutos de la realidad. Hoffman y científicos como Nima Arkani-Hamed y Jaroslav Trnka proponen que existen estructuras subyacentes a nuestra percepción convencional del universo. ¿Y qué encuentran? ¡Figuras geométricas! Más específicamente introducen el concepto del amplituedro, una figura geométrica que simplifica los cálculos de las interacciones de partículas en ciertas teorías de campos cuánticos.

Así que me desperté de mi somnolencia con el corazón agitado. Era la primera vez que alguien hablaba de estas figuras que puedo percibir y las nombraba como algo que existe fuera de los fundamentos de nuestra ciencia, que en algún momento dogmatizamos.

Mi mente comenzó a girar a una velocidad increíble. ¿Será que entonces no es sinestesia? ¿Puedo —podemos los humanos— percibir más allá del tiempo y del espacio? Y si es así, ¿es ahí a donde vamos cuando morimos? ¿Es ese el pulso al que volvemos y del que venimos? ¿Es ahí donde reside la conciencia? Y si es así, si la ciencia está apenas desdogmatizándose y cuestionándose, ¿no significa esto que por fin está alcanzando la ciencia al misticismo? ¿A la filosofía? ¿A la espiritualidad?

Si los propios científicos están transformando su comprensión sobre la física y abriendo nuevas vías para explorar la naturaleza fundamental del universo, ¿querrá decir que también los escépticos, los agnósticos, los "hombres de ciencia", pueden acceder al TODO que vulgarmente hemos, de manera colectiva, decidido llamar Dios? ¿No es esta la puerta de entrada a un mundo que la ciencia y la espiritualidad han intentado definir por separado, pero que quizá siempre ha sido el mismo? ¿Un refugio para los huérfanos espirituales que buscamos certeza en la ciencia y para los científicos que sin quererlo rozan lo sagrado en su búsqueda de la verdad?

El afamado neurocientífico, el doctor Andrew Huberman, se sentó recientemente en su pódcast con la doctora de la Universidad de Columbia, Lisa Miller para platicar sobre cómo la conciencia no viene del cerebro, de cómo estamos neurobiológicamente programados para la espiritualidad y cómo los seres humanos somos una especie de antena que, más bien, recibe la conciencia.

Atravesando todo esto con mi mamá me di cuenta de que la conciencia y el cuerpo son dos cosas diferentes que cohabitan durante nuestro fugaz paso por la tierra. En mi investigación, me topé con dos propuestas que me parecieron muy interesantes sobre este tema. Una de ellas es el proyecto AWARE (AWAreness during REsuscitation) que lidera el doctor Sam Parnia. Esta iniciativa está diseñada para investigar científicamente las experiencias cercanas a la muerte y las posibles manifestaciones de la conciencia durante el paro cardiaco, entender si la conciencia puede existir independientemente de la actividad cerebral. Este tipo de investigaciones me emocionan mucho porque, de ser el caso, podrían respaldar la idea de que la conciencia no es algo que podemos reducir completamente a procesos cerebrales.

La otra es la Teoría Orquestada de la Reducción Objetiva (Orch-OR) del físico Roger Penrose y el anestesiólogo Stuart Hameroff, que sugiere que la conciencia tiene raíces en la física cuántica. Esta plantea que los microtúbulos, las estructuras subcerebrales presentes en las neuronas, funcionan como procesadores cuánticos donde ocurren interacciones cuánticas que generan conciencia. Estas interacciones cuánticas podrían conectarse a estructuras más fundamentales del universo, lo que podría influir en nuestra comprensión de la conciencia o su papel en el universo. Ambas hipótesis desafían la visión materialista tradicional que tenemos sobre la conciencia. Son ideas aún muy controversiales, pero estoy segura de que algún día la ciencia llegará a descifrarlas. Yo lo vi claramente: la naturaleza de la conciencia está relacionada con el universo.

En la ciencia, en la religión, en la espiritualidad o donde más nos acomode, tenemos que reconectar con esa parte de nuevo. La muerte es una de las pocas puertas que tenemos que, cuando la abrimos, nos muestra un puente a este lugar donde el TODO nos espera para comenzar a tratar de entenderlo, para tocar tan solo su borde. Solo tenemos que caminar ese puente con pasos firmes sin mirar atrás.

No estoy aquí para responder preguntas tan viejas como el humano mismo, como por qué existimos, o para tratar de convencerte de creer en algo más. No sé en qué creas, pero lo que sí puedo decirte es que no hay manera —no existe manera— de que todo este universo, multiverso, todo esto, solo exista para una especie que se autodenomina humana y que vive en un pequeño (maravilloso) planeta, en una pequeña (y hermosa) galaxia. No somos tan importantes, lamento comunicar. Somos importantes igual que todo lo demás que conforma al universo, al TODO. Pero no somos el personaje principal de este *show*. Así que, si podemos conectarnos con esta idea, podremos ver las cosas con un poco más de claridad. Podemos empezar a entender que esta forma de conciencia que habita este cuerpo que nos tocó no es nuestra forma real ni final. Hacer las paces con esto puede darnos una perspectiva que nos brindará más paz que una visión antropocéntrica.

Todos somos un Napoleón

Mi madre supo salir victoriosa después de haber estado casada veinte años con un Napoleón. Alguien con complejos de superioridad, con deseos de dominio, de poder, ambicioso y controlador (y muy bajito de estatura). O sea: alguien con una percepción exagerada de su propia importancia. Un hombre que nunca pudo ver el amor que ella daba porque él no podía dárselo a sí mismo.

Él nunca tuvo ese referente en su infancia, sin justificarlo —faltaba más—, pero poniendo el contexto. Ella nos platicaba poco sobre la relación cuando crecimos, quería ser prudente y no predisponernos para quererlo y generar un vínculo con él; pero cuando fuimos adultas empezamos a vivirlo y verlo en carne propia, empezamos a preguntar más y a querer entender más profundamente, y nos fuimos dando cuenta de que se había casado con alguien que nunca la vio por quien realmente era. Alguien que abusaba de ella físicamente y la sometía a golpes. Para él, el amor no era suficiente, solo lo tangible y material lo era, lo que se premiaba en los hombres antiguamente. Me da lástima por ellos que tuvieron que creer que eso era algo de valor.

Se premiaba la conquista. La caza. La sangre que derramaban en estos persistentes esfuerzos de obtener algo ficticio que creían real. Confundieron conquistar la vida con la conquista del poder superficial. La conquista de la nueva empresa, del nuevo millón de dólares, de la nueva mujer, esto era siempre más importante para él que lo real y esencial del amor.

A pesar de que separarse fue lo mejor para ella, no fue una ruptura fácil. Lo conoció cuando era una niña y, fuera de la vida con sus padres de más pequeña, era lo único que conocía. Siempre es difícil dar el paso a lo desconocido, pero lo hizo, y aprendió cómo salir victoriosa de las relaciones tóxicas de entonces en adelante.

Después de eso, supo poner límites a las relaciones que no le sumaban más. No todo el mundo está destinado a estar en nuestra vida toda nuestra vida. Mucha gente con la que nos topamos es una lección que hay que aprender y nada más que eso. Durante su vida tuvo varios amores, y no me refiero solo a lo romántico: amistades y socios y colegas. Muchos se fueron, y pocos, los reales, se quedaron hasta el final de su vida.

Le dolió tener que soltar a algunos, y otros se soltaron solos, pero siempre —en ambos casos— con la absoluta seguridad de que ella fue impecable con ellos.

Hay que aprender a soltar las relaciones cuando ya no nos nutren, cuando ya no nos hacen bien o no nos hacen crecer. Ojo, que no aferrarse a las relaciones no significa no trabajar en las relaciones que sí valen la pena, pero están pasando un momento de cambio o reacomodo; lo que significa es no absorber cosas que no son nuestras, que son de la persona que necesita trabajar y trascenderlas, y que nosotros solo somos el vehículo que detona esa lección para ellos, y viceversa.

Hay que estar contentos con que es suficiente dar amor incondicional, desde un lugar donde no reclamas nada a cambio. Cuando alguien no puede ver el amor que das, cuando no le es suficiente, es momento de moverse de lugar. Las relaciones se acomodan solas. Si tú haces tu trabajo espiritual, tu trabajo de no proyectar en ellos tus traumas o tus inseguridades, entonces solo queda amar a los demás por lo que son y acompañarse en el viaje de la vida. Hay pocos compañeros de vida y muchas "personas lección", así que no hay que engancharse de más cuando estas salen de nuestras vidas.

Lo que pasa a veces es que, antes de hacer el trabajo profundo propio, se confunden los apegos. Es por eso que hay que trabajar en ello. "Todas las personas —como dice el dicho—, todas las personas que conoces están luchando una batalla de la que no sabes nada al respecto. Sé amable. Siempre". Y por amabilidad me refiero a ser empático, ser compasivo, ser bondadoso. Y así hay que ser también con uno mismo cuando nos toca librar una batalla. Aunque hay gente que es un Napoleón y lo mejor es alejarse de ellos; hay muchos Napoleones allá afuera: gente que no hace su trabajo interior, que nunca ha ido a terapia (ni quiere) y que va por la vida lastimando a los demás porque es su propio ego el que está lastimado, llevando sus inseguridades a relacionarse con los demás y sin relacionarse desde la pureza del amor y del espíritu.

Tristemente, la mayoría de la gente se relaciona desde este lugar. La arrogancia de la autoimportancia como premisa de la vida es algo con lo que mucha gente vive, y atraviesan sus relaciones en piloto automático, lastimando a quien se interponga entre ellos y su ego. Lo hacen sin darse cuenta. Su *default,* el modo como operan, se convierte entonces en algo que está fuera del marco de su propia percepción de la realidad o responsabilidad, haciendo más fácil evadir responsabilidades emocionales cuando lastiman a alguien, o incluso asumir cualquier responsabilidad respecto a sus acciones, creando una historia que se creen por completo, en donde ellos son los protagonistas y siempre victoriosos héroes.

Estamos obsesionados con nosotros mismos. La gente piensa demasiado en ella misma. En esta era de hiperindividualismo, cada aspecto de nuestra vida gira alrededor de cómo nos sentimos, qué necesitamos, qué queremos, cómo nos perciben los demás; pasamos horas analizando nuestras emociones, preocupándonos por nuestra imagen y obsesionados con nuestra narrativa personal. Esta visión nos encierra en nosotros mismos y nos hace cortos de mente. Se nos olvida algo que debería ser muy obvio: el mundo no es solo sobre nosotros. Es poco probable que esta visión individualista que triunfa en el mundo de las redes sociales triunfe en el mundo real. El narcisismo dejará de estar de moda cuando nos demos cuenta de la importancia de lo verdaderamente real. Mientras menos tiempo pensemos en nosotros mismos, más tiempo y espacio mental tendremos para pensar en tantas cosas más o igual de interesantes, divertidas, que nos generen curiosidad genuina y nos permitan explorar distintos caminos que jamás pensamos que andaríamos. Si dividimos el tiempo que dedicamos a pensar en nosotros mismos y el tiempo que dedicamos a pensar en algo o alguien más (sin relación a nosotros), veremos que es un problema mayor al que creíamos y uno del que tal vez no estábamos completamente al tanto.

"Cuando dejas de preocuparte por quién eres, puedes empezar a ser quien realmente eres". El escritor

Alan Watts dijo esta cita que me parece hermosa. Estamos preocupados por las cosas incorrectas la mayor parte del tiempo. Tenemos una obsesión por definirnos a nosotros mismos. Una obsesión que termina por encerrarnos en un nicho donde muchas veces ya no cabemos, pero insistimos en quedarnos ahí. Encerrados. Atascados. Lo mismo nos sucede con la gente. Nuestra obsesión por definirla y ponerla en el "cajón" mental en el que, según nosotros, pertenece, los reduce a que sean solo nuestra percepción de ellos y no plenamente ellos. Asimismo, la vara con la que medimos a la gente es la vara con la que nos medimos a nosotros mismos. Si somos capaces de hablarnos mal a nosotros mismos eso resultará en que no se nos haga nada fuera de lo normal atrevernos a hablarle mal a alguien más. A eso se refiere el dicho de "Ámate a ti primero para amar a los demás". La manera en que te ames es la manera en la que te vas a permitir amar a los demás. Si cuando cometes un error te dices a ti mismo: "Soy un estúpido, debí de haber sabido hacerlo mejor", te parecerá normal llamar estúpida a la gente. Y así en todo lo que nos hacemos a nosotros mismos. Este concepto se refiere a cómo nuestra relación interna con nosotros mismos se proyecta inevitablemente hacia el exterior.

Lo que nos decimos en silencio, cómo nos juzgamos y el nivel de compasión o dureza que nos aplicamos se convierte en la lente a través de la cual interpretamos y tratamos a los demás. Cómo me hubiera gustado decirle esto a mi papá. Hacerle ver que normalizar la dureza, la violencia, el juicio y la autocrítica hace que estas pierdan su excepcionalidad y que se traslada fácilmente y de manera inconsciente a nuestras interacciones con los demás.

Él tiene demencia y si antes era imposible razonar con él, ahora sería doblemente imposible. Todas nuestras relaciones son espejos de nuestra relación con nosotros mismos. Si nos hablamos con amor y paciencia, es probable que le extendamos ese mismo trato a los demás. Por otro lado, si nuestro diálogo interno está lleno de desprecio o impaciencia, es probable que esas emociones surjan en nuestras interacciones externas. La "vara" es un reflejo de nuestras heridas internas. Supongamos que las interacciones de mi padre eran las de alguien a quien los "defectos" que él percibía de los demás le recordaban los suyos propios, sus miedos, y le incomodaba enfrentarlos, así que siempre era más fácil proyectarlos.

Cuando cargamos expectativas poco realistas hacia nosotros mismos, esa presión tiende a extenderse a los demás. La verdad es que cuando carecemos de autorreflexión, las interacciones se convierten en una reproducción de patrones sin fin.

Si crecimos en un entorno donde estas dinámicas eran comunes, es probable que ya las hayamos interiorizado y las estemos perpetuando, tanto en nosotros mismos como en los demás. Estos patrones pueden romperse, pero requiere de esfuerzo, ganas y, sobre todo, de conciencia.

De conciencia.

Para cambiar la vara hay que reconocer primero el diálogo interno. Cómo me hablo a mí cuando no hay nadie, cuando me hablo en silencio.

La autoobservación es crucial para poder modificar estos patrones. Cambiar nuestra narrativa puede ser complejo al inicio, pero como todo lo aprendido, hay que comenzar por el inicio.

¿La vara con la que me mido es justa? ¿Es realista? ¿Soy igual de rígido con los demás cuando les "aplico la vara"?

Cambiar la vara significa aceptarnos como humanos imperfectos, humanos en constante aprendizaje. Empezar a ver con naturalidad, dejar de ser quien creemos que somos para poder dar paso a lo que queremos o podemos ser. Dar espacio para que nuestra mejor versión pueda tener cabida en nuestra mente, en nuestro cuerpo y en nuestro espíritu.

Cambiar la vara es un acto de amor. Amor por uno mismo y amor por los demás que están luchando —como yo y como tú— sus propias batallas invisibles. Estamos todos vivos al mismo tiempo, en el mismo planeta, enfrentando los mismos miedos y tratando de hacer de esta vida, que es aún un misterio para todos, lo mejor que podemos de ella.

Hay que tener responsabilidad afectiva con los demás, sí, pero lo más importante es tenerla con uno mismo y en nuestros momentos más bajos. Esto es tener el compromiso consciente de cuidar y considerar los sentimientos, emociones y necesidades de las personas con las que nos relacionamos, sean estos vínculos románticos, familiares, de amistad o profesionales, pero tenerlo aún más con nosotros mismos. Cuidarnos como nos gustaría que nos cuidaran.

Ahora que mi madre no existe en esta forma humana, me procuraré a mí misma. Seré mi propio sostén. Honraré a los demás como me honraré a mí. Trataré de ser diligente con "trabajar mi vara" hasta que ya no proyecte en los demás lo que no me gusta ver reflejado en mí. Recordando siempre que todas las relaciones son y existen para hacernos crecer, que ninguna relación es "perfecta", y que estas siempre traen desafíos.

Con esta premisa en mente, procuremos también salir del pequeño cajón donde hemos puesto nuestra vasta existencia. Pensemos menos en nosotros mismos y tengamos una conciencia más amplia de lo que significa estar vivo y cómo eso engloba a todo y a todos. Pensemos en más cosas, ampliemos nuestra relación con nuestros pensamientos para que no nos consuma el yoyoísmo. Que las cosas graviten y no seamos siempre el centro. Veámos qué pasa cuando lo permitimos. Cuando observamos. Cuando decidimos nuestros pensamientos, anteponiéndonos al pensamiento mecánico. Existe una tremenda paz en saber que no somos el centro del universo. Que afuera de nuestra mente y nuestras ideas y nuestros constructos y creencias existen otras realidades que apenas podemos imaginar.

Cuando era niña, comencé a entender realmente el concepto de mi propia insignificancia. No en un sentido peyorativo, sino que me gustaba explorar la perspectiva. Me iba sola al planetario y me sentaba ahí frente a la inmensa pantalla a ver un video que ponían donde iban haciendo *zoom out*. Empezaba en el ojo de un humano y luego la cámara se iba alejando; veías al humano acostado en un parque, luego el parque desde arriba, después veías su barrio, luego su ciudad, luego su estado, luego su país, luego varios países, luego el planeta desde el espacio, luego veías nuestro planeta junto con los demás planetas de la Vía Láctea, luego se alejaba más y veías minipuntitos que eran esta y las demás galaxias cercanas. Ese viaje cósmico siempre me ha impresionado. Cuando hacemos *zoom out*, nos damos cuenta de que somos una parte muy pequeña de un cosmos enorme. Pensando así debemos tener una mejor perspectiva. No es posible que con la grandeza del universo seamos lo único consciente que existe. No es posible que seamos lo más importante, y definitivamente, no es posible que no volvamos a ser todos parte de TODO cuando muramos.

Somos uno, nos guste admitirlo o no. Y eso me da paz, porque algún día seré uno con mis amores que se adelantaron a explorar el cosmos.

Durante tiempos difíciles es cuando sacamos la verdad de quienes somos. Es aquí donde nos damos cuenta de nuestras fuerzas y debilidades, y nos encontramos con la verdad de quiénes somos y de quién es la gente que nos rodea. Estemos atentos a esto. En estos momentos, se puede ver la naturaleza de las personas de maneras muy claras. La gente que te rodea te demostrará el amor como lo han conocido, y eso es tan vasto como hermoso. Así como también habrá velos que se caen para dejar ver a personas que no son quienes predican ser. Y como diría la escritora Maya Angelou: "Cuando alguien te muestre quién es, créele la primera vez". Es un tiempo de profunda verdad donde se acomodan las relaciones con más claridad dentro de nosotros. Si nos mantenemos conectados al plano espiritual, a esa puerta que hace puente entre este mundo y el otro, desde esa conexión a la intuición profunda y a la verdad absoluta, podemos acceder a un mejor discernimiento.

El universo es el centro del universo

Al final de su vida, mi mamá cumplió un sueño que tenía desde siempre. Se fue a vivir a la playa. Quería ver el mar, escuchar a los pajaritos, tener una vida más cercana a la verdad real que a la verdad inventada por el consumismo que todo lo abraza.

El universo que nos toca percibir en nuestra vida humana está en el planeta Tierra, y en este hay muchas realidades y una sola verdad. La verdad absoluta de que todo lo que vemos, tocamos, sentimos y amamos, existe y dejará de existir algún día tal y como lo conocemos. Mi mamá siempre me enseñó a mirar la verdad, las pequeñas grandes cosas del planeta, de la vida.

Los que no tenemos la suerte de vivir cerca de la naturaleza tenemos que apañarnos de alguna manera para conectar con esa parte, pero no lo hace más difícil, solo hay que echarle más ganas. Mirar un atardecer, el color del cielo cuando cambia de tono; abrazar un árbol para sentir que está vivo como tú lo estás, solamente que en otro nivel de conciencia, del cual no tenemos ni idea todavía cuál es o cómo funciona; comer los alimentos que entran a nuestro cuerpo con presencia y agradecimiento de lo que estamos ingiriendo y no con culpa porque nos gusta comer mucha porquería, y estar en contacto con nuestra vida en los pequeños grandes detalles que la conforman: lo que hacemos diario, pero que a veces se nos escapa porque se nos convirtió en rutina y lo damos por hecho. Mirar realmente con asombro que estamos vivos y que el planeta en el que vivimos es alucinante con sus colores, especies de plantas y flores, animales, con todo su esplendor. Aun en el cemento podemos ver alguna que otra flor necia que, si nos fijamos bien, nos sirve de maestra para enseñarnos que hasta en los lugares más improbables podemos florecer, y ahí también existe la verdad.

Conectarnos a la hiperrealidad. Al universo entero. No la realidad superflua. No solo debemos poner atención a ser un humano "productivo", lo que sea que eso signifique en nuestra cultura; no somos solo una máquina de sobrevivir. Pongamos atención a saber vivir. A las cosas que nos hacen sonreír solo porque existen y a no darlas por hecho.

En el momento del duelo, como en muchos otros que nos dan "miedo" por su profundidad, la superficie puede convertirse en un refugio cómodo, sin embargo, es un refugio vacío. Escondernos detrás de rutinas, distracciones y pensamientos prácticos y rutinarios nos convence de que, si nos mantenemos en movimiento, vamos a salir ilesos, escaparemos de alguna manera del dolor.

Este enfoque superficial, sin embargo, nos desconecta de la profundidad de las cosas, de la profundidad del duelo, de su verdadero propósito que es transformarnos, reconectarnos con lo esencial y abrirnos a algo más grande que nosotros mismos.

Habitar la profundidad y hacer el centro del universo entero nuestra propia experiencia no solo nos limita en nuestra experiencia emocional, sino que también nos aísla de la inmensa oportunidad de crecimiento espiritual para encontrar esa conexión profunda en los momentos donde más la necesitamos.

La realidad superficial es una trampa que nos distrae constantemente. Las ocupaciones, redes sociales, entretenernos, e incluso el trabajo, son maneras como evitamos enfrentar estas situaciones difíciles, estas emociones complejas.

Y sí, nos ofrecen un alivio temporal, pero no nos permiten procesar o integrar la vivencia. El duelo o la pérdida es un portal hacia lo más profundo de la vida.

Cuando dejamos que la vida nos enseñe que no somos el centro de esta experiencia, estamos abiertos a conectar con lo trascendental. Es una invitación a reflexionar sobre la interconexión de la vida y sobre cómo el impacto de nuestra pérdida es algo que no solo nos acompañará el resto de nuestras vidas, sino que el impacto de esto nos hará mejores seres humanos el resto de tiempo que nos quede.

¿Cómo romper con la superficie? Cada uno de nosotros tiene distintas formas de transitar la sombra, lo oscuro, el lado doloroso de la vida y sus inevitables pérdidas, pero hay prácticas milenarias que sirven maravillas, como aceptar el silencio.

El silencio es un espacio poderoso para poder profundizar. En lugar de llenar nuestro tiempo con ruido mental y distracciones, el silencio nos permite escucharnos a nosotros mismos. La importancia de darnos tiempo de escucharnos y ver realmente dónde estamos emocionalmente —cómo se siente el vacío que sentimos, dónde desemboca— es crucial para saber dónde estamos parados para que, sin estímulos externos, nos demos oportunidades de entrar en contacto con nuestros pensamientos más profundos. En el silencio encontraremos lo que realmente necesitamos.

Rituales de conexión: en esta era donde los rituales cada vez son menos importantes para nosotros, habría que retomarlos. Los rituales son una forma importante de honrar nuestra pérdida y encontrar sentido en ella. Estos pueden variar, desde encender una vela en memoria de nuestro ser querido, escribirle una carta, caminar por la naturaleza pensando en su legado, transformarlo en arte de cualquier forma (pintar, esculpir, escribir, cantar, bailar), hacer algo en comunidad también como parte de nuestro ritual, como invitar a la gente que quería a tu ser amado a comer a tu casa y platicar toda la tarde de él, crear conversaciones imaginarias con él. Las posibilidades son infinitas, tanto como nuestra creatividad nos lo permita. Todo esto nos ayuda inmensamente. Tenemos la suerte o desgracia de ser el único animal (que sabemos) que tiene conciencia plena de estar vivo y que sabe que un día dejará de estarlo. Usemos eso a nuestro favor.

Estoy feliz

Unos días antes de que muriera mi mamá, estábamos mi hermana, mi tía y yo en la sala de espera de la unidad de cuidados intensivos, que, si voy a ser honesta, ya se había convertido en nuestra segunda casa. Ahí dormíamos, en unos sillones reclinables tapadas con chamarras improvisadas, y a pesar de que nos habían dejado claro en el hospital que no les encantaba la idea de que durmiéramos ahí —y nos prendían el aire acondicionado en las noches para que nos diera mucho frío y nos fuéramos, y lo apagaban en las tardes en las que hacía mucho calor y estaba lleno de gente para que no estuviéramos mucho tiempo—, entonces tampoco nos movimos del lugar.

Estábamos allí, al pendiente.

24/7.

Me pareció algo muy poco humano de parte del hospital que no nos dejaran visitar más el cuarto de mi madre o que no nos dejaran estar afuera por lo menos sintiendo que podíamos estar ahí (¡¿dónde más hubiésemos querido estar?!).

Hay algo fundamentalmente mal en estos lugares donde hay poca humanidad y a la vez mucha humanidad. Un lugar donde conviven los opuestos. En todo caso, nos dejaban claro que no nos querían durmiendo ahí, pero para nosotros no había otra manera de estar.

Durante las primeras semanas, a pesar del hospital, hicimos campamento en la sala de espera de la unidad de cuidados intensivos. Ahí nos lavábamos los dientes, las chamarras improvisadas se convirtieron en cobijas y almohadas que traje de mi casa —que no estaba lejos del hospital—, ahí nos cambiábamos de ropa, y en algún punto, pusimos a secar ropa que lavamos en el lavamanos del WC atrás de un sillón cerca de la ventana que tenía más contacto con la luz del sol.

Suena excesivo, pero cuando le pasa algo tan grave a alguien que amas, mucho lo que quieres es estar ahí 24/7 por si sucede cualquier cosa. Nos decían: "Váyanse ya a dormir a su casa, nosotros les avisamos cualquier cosa, no se preocupen", y entonces yo me iba a mi casa, dormía unas horas, me daba cuenta cuánta falta me hacía descansar, y a la vez me daba cuenta de que no quería estar en ningún otro lado más que en esa sala de espera, esperando noticias y/o tomando decisiones sobre la vida o muerte de mi madre.

Lo normal era que nos "mandaran" a dormir los doctores solo para llamarnos para volver y tomar decisiones a las pocas horas. Así que nunca nos íbamos a bañar o a descansar tranquilas del todo. Nuestro cuerpo estuvo en estado de alerta constante durante veintidós días. No entiendo el concepto de los hospitales en las unidades de cuidados intensivos con los familiares de los pacientes. No puedo creer que en este siglo, en este año, con todo lo que se sabe en cuestiones de medicina integral, sigan con estas reglas ridículas de que los familiares visitan a los enfermos solamente tres horas espaciadas durante el día. Yo no soy médico, pero he leído mucho al respecto. La gente se cura mucho más rápido si está rodeada de sus seres queridos. También la gente muere más feliz si está rodeada de sus seres queridos. ¿Y quién no quisiera tener la oportunidad de estar rodeado de amor en sus últimos momentos?

Teníamos un equipo fantástico de doctores especialistas y de enfermeras para su cuidado. Un doctor de cabecera que fungía como el pilar para engranar a todas las demás piezas. El día número diecinueve en la unidad de cuidados intensivos estábamos mi tía Gaby, mi hermana y yo, y se acercó uno de los doctores que estaba al tanto de mi mamá. Era un doctor crucial, el que había estado en la sala de emergencia cuando llegué con ella en la ambulancia. El mismísimo doctor que estaba en guardia esa noche y al que le tocó recibirnos. Un doctor de sonrisa cálida. Como era habitual, cada vez que se abría la puerta que dividía a la sala de espera de los cubículos donde estaban los pacientes, nosotras nos parábamos a toda prisa para recibir una noticia, para ver si había habido algún avance o algún retroceso.

Literalmente brincábamos del sillón a la puerta para abordar al doctor que salía de la unidad de cuidados intensivos. Los emboscábamos. Sin salida. "¿Cómo está?", "¿Alguna novedad?", "¿Alguna mejoría?", "¿Cómo salieron los estudios?", "¿Qué tal recibió el medicamento?", "¿Le duele algo?", "¿Está consciente?", "¿Podemos entrar aunque no sean horas?".

Llevábamos tanto tiempo en el hospital que los doctores salían de esa puerta ya con cara de "por favor, no se levanten, no es para ustedes" —en nuestro propio drama habíamos olvidado que también tenían otros pacientes—. O nos decían explícitamente: "Cuando sea algo referente a ustedes, nosotros les dejaremos saber", o simplemente salían para ir a su *break* de comida, o a su consultorio, o a su casa a descansar.

Mientras más pasaba el tiempo, más nos dábamos cuenta de que los hacíamos sentir acosados con nuestra angustia e intensidad y fuimos bajando el volumen de ellas. Así que, cuando este doctor se nos acercó, simplemente lo saludamos cordialmente. Pero él nos dijo:

—Oigan, les quería decir algo que nunca les dije. —A propósito de que mi mamá estaba inconsciente—. El día que llegaron al hospital, ¿te acuerdas de que ella venía hablando? —me dijo.

—Claro que me acuerdo.

Ella, por alguna razón mágica, estaba completamente consciente cuando llegamos al hospital, cuando le dijeron, llegando al hospital: "Señora, lo que usted tiene es un infarto", en un afán de explicarle que se disponían a hacer todo el protocolo para ello; me volteó a ver: "Te dije que me estaba dando un infarto", afirmó con una casi imperceptible especie de sonrisa en los ojos, la de alguien triunfante, la de alguien que estaba en completo contacto con su cuerpo y sabía lo que sucedía aun si esto estaba en conflicto con lo que todos le decían que le sucedía.

—Pues después de que te dijo eso, ¿recuerdas que nos la llevamos en la camilla a la sala de emergencias donde implementamos el protocolo?

Cómo lo iba a olvidar, es de esas noches que jamás creo que olvidaré.

—Se me había olvidado decirles que, cuando llegamos a la sala y la trasladamos de la camilla a la plancha de operaciones, ella me miró a los ojos y me dijo: "Estoy feliz, Dios bendiga sus manos. Después perdió la conciencia". Lo último que dijo en su vida es "Estoy feliz".

Prosiguió a disculparse:

—Perdón que les cuente esto —dijo—, pero me impactó mucho.

—Nada de perdón, doctor, para nosotros esta información es oro molido.

—Es que llevo muchos años haciendo esto y nadie en esas circunstancias... uno: debería o podría estar hablando, entiéndanme, no tenía sangre en el corazón... y dos: ¿decir que estás feliz? ¿Ahí? ¿En ese momento? No sé... me pareció que les tenía que contar —terminó diciendo.

"Estoy feliz" no solo rompe las expectativas médicas, sino que deja una huella emocional indeleble. La paradoja de la felicidad en medio del sufrimiento. El doctor resalta la imposibilidad física (su corazón no tenía sangre ya) de expresar felicidad en esas circunstancias. Sin embargo, esta paradoja es una ventana hacia algo más profundo: la capacidad humana de encontrar significado, trascendencia, o incluso gracia, en los momentos más oscuros. O el más "oscuro": la muerte. ¿Esta felicidad que expresó era una expresión de paz interior? Tal vez había llegado a un lugar de total aceptación con la situación que la trascendió por completo. ¿Era fe? ¿Estaba feliz porque ya se había entregado a algo superior? ¿Tal vez era felicidad proveniente de una aceptación radical? ¿Qué nos dice esto sobre la resiliencia del espíritu humano frente a lo inevitable?

Esta última declaración de felicidad es oro molido para los vivos. Un recordatorio de que, a pesar del dolor, hay algo más grande. Un mensaje de calma para el que se queda. Una herencia emocional enorme. Oro.

Las últimas palabras de alguien tienen un valor simbólico y emocional único. Son un eco que perdura, especialmente cuando esas palabras ofrecen un mensaje inesperado, como "estoy feliz".

Este mensaje fue crucial para poder transformar el duelo, no eliminándolo, pero sí brindando un rayo de luz. Esta afirmación de paz... más allá del dolor físico y de la inminencia de la muerte, parece que mi mamá alcanzó un estado de aceptación, gratitud o reconciliación con la vida. Para quienes nos quedamos, esto puede ser un recordatorio de que, incluso en momentos extremos, el bienestar emocional y espiritual es posible.

El poder de las palabras. Las palabras que cierran una vida abren la puerta a la luz en otra. Comienzan una nueva vida.

Sus palabras son mi puerta.

Este es mi legado.

La vida te rompe el corazón

La vida es cruel y cruda y te rompe el corazón muy seguido. Más seguido de lo que nos gustaría. Unas veces nos rompe como una grieta; otras, lo hace con todo el peso de lo imprevisto y nos abre como un abismo infinito dentro.

Nos rompe el corazón cuando la vida no se parece a lo que imaginamos. Cuando lo que esperamos de la vida no llega.

Expectantes, defraudados, con el corazón roto nos deja la vida. Se nos va la vida soñando vidas que no son vividas, que no son las nuestras.

Vidas falsas donde las expectativas que tenemos de los demás, de nosotros mismos, de lo que esperamos de nuestra propia vida, casi nunca se concretan.

La ilusión de que la vida suceda a nuestro ritmo y con el filtro bajo el cual nosotros vemos las cosas es una de las cosas que más nos lastima.

Todos queremos una vida que no nos rompa el corazón, pero es algo que no podemos remediar. Así es la naturaleza de estar vivos. La ilusión de saber cómo deberían ocurrir las cosas, o qué cosas sí son justas y cuáles no, es eso, una ilusión. La vida es la vida. Con su muerte y sus accidentes, y sus negativas y su caos y su irremediabilidad. ¿Si amo, me aman? No. ¿Si cuido, me cuidan? No. ¿Si hago todo bien, todo saldrá bien? No.

Y cada "no" es una grieta, pero en cada grieta algo se cuela. La luz. El aprendizaje. La empatía. Si no podemos hacer nada para evitar que nos rompa el corazón esta vida, sí podemos por lo menos hacer algo con esos pedazos.

Kintsugi.

Las grandes y pequeñas pérdidas de la vida nos van enseñando que todo tiene dos lados y que todos estamos aquí para experimentar estos lados desde nuestra trinchera. Las pérdidas nos enseñan empatía. Tenemos la responsabilidad de cuidar nuestro corazón y también el corazón de los demás.

De ir quitándole las capas a la cebolla de la ignorancia. Detener las expectativas para mirar el presente como es. Y como dice el maestro Eckhart Tolle: "Si no te gusta el presente, trata de cambiarlo o removerte de esa situación; si no puedes hacer ninguna de estas dos cosas, acéptalo". Acepta el momento tal y como existe. No proyectes el futuro, no lamentes el pasado.

Cuando alguien que amas está hospitalizado, las expectativas son enormes. Son naturales, queremos que nuestro ser amado salga bien, con vida, sano. Le ponemos expectativas enormes a los doctores y enfermeras que están a su cuidado. Y ellos, con su enorme corazón y vocación, nos blindan a su manera para que no se nos rompa (más) el corazón. Algunos de ellos también se suman a esta fantasía, a esta ilusión, a veces de una manera irresponsable. Son pocos los que te hablan con la verdad. Subestiman la importancia de hablar la verdad aunque sea cruel, aunque nos rompa el corazón.

Algunos doctores hablaban con nosotros de la recuperación de mi madre desde una perspectiva tan alentadora que había momentos (pocos) en los que realmente pensé que iba a sobrevivir. Nos decían que nos iban a pasar de la unidad de terapia intensiva a la unidad de terapia intermedia donde podríamos estar con ella todo el día. "Ya casi".

"Creemos que después de esta operación"... "Después de que le hicieran la séptima diálisis"... "Después de que bla, bla, bla".

"Después" no era "ese momento".

No podemos jugar a eso cuando se está al borde de la muerte, cuando se está pasando por una gran pérdida. La montaña rusa emocional por la que se pasa en momentos así es peligrosísima. Ya sea que seamos el paciente, o los que estamos en la temida sala de espera, o incluso solo los amigos que acompañamos estas grandes pérdidas. Este ir y venir de emociones, este látigo, es peligroso.

Algunos otros nos hablaban con la verdad plena y esto es lo que necesitamos los que atravesamos por estas situaciones: que se nos rompa el corazón y, desde ahí, poder tomar decisiones. No desde la ilusión, sí desde la fe. Porque la fe y la verdad no están peleadas. De otra manera estamos jugando con nuestra esperanza, con nuestro miedo, con nuestra fe.

Son cimientos profundos de quiénes somos y de cómo percibimos la vida y cómo podemos lidiar con la pérdida. Mover estos cimientos provoca grietas en el fundamento de quienes somos. Grietas que dejan salir lo más profundo de nuestras pérdidas fundamentales. Las pérdidas con las que nos identificamos en la infancia temprana.

Aquí, en estos momentos, muchas veces sale la herida primaria. El miedo por el abandono de la madre enferma que espejea el abandono que viví de niña por parte de mi otra figura parental.

Si dejamos que la cabeza sea un caballo sin jinete se nos va galopando directo a dolores pasados que piensa equiparables o cercanos a lo que estamos viviendo.

Nos vamos al pasado inconsciente. Si somos concientes de qué sale en estos momentos cruciales y aterradores, podremos encontrar que debajo de este gran dolor y esta gran pérdida estamos también lamentando pérdidas que no habían encontrado la salida y que, con estas grietas que se han formado en nosotros, tienen la oportunidad de salir a la luz y liberarse. Esto solo sucede cuando nos permitimos ser honestos con nosotros mismos.

Aun si esta honestidad tiene forma de negación. Se vale, todo se vale. Siempre y cuando se esté moviendo hacia adelante, el proceso de sanar está en proceso. Y a favor de la expectativa, por supuesto que, evidentemente, hay mucha gente que sale bien de los hospitales, de las situaciones o enfermedades, y veces en las que las expectativas de todos se cumplen, pero la realidad es que muchos casos no salen como se esperaba y, en lugar de habernos hecho un bien, hacernos o crearnos expectativas termina rompiéndonos el corazón de una manera más profunda, porque en el fondo sabemos que nos los hemos roto a nosotros mismos negando la realidad.

La montaña rusa emocional se convierte en un catalizador de la pérdida en cuestión, sumada a las muchas pérdidas que nos vamos encontrando. Pérdidas viejas, miedos y patrones que se añaden a esta nueva experiencia.

La fuerza de traumas pasados puede resurgir en estos momentos, y aunque no podemos evitarlo del todo, sí podemos aprender a distinguir entre lo que fue y lo que es. No vivir esta herida nueva desde la herida vieja.

Las armas del pasado no sirven en las nuevas guerras. Solo el sable del presente puede atravesar este espesor. Además, lo último que deseamos es añadir más peso a esta carga que en sí misma ya es monumental.

Si tratamos de reconocer los picos emocionales antes de que nos sobrepasen, podemos evitar este desgaste extra del sube y baja. Digo "extra" porque es normal pasar por estados que parecen ser contradictorios y como si fueran un peso añadido al peso enorme que ya cargamos.

Es —efectivamente— una montaña rusa de emociones. Y este sube y baja emocional puede sentirse como una pérdida de control. Este constante sube y baja nos deja exhaustos y puede llevar a estados de ansiedad, depresión o bloqueo emocional. Tratemos de estar preparados para que este vaivén, que nos traerá inevitablemente traumas del pasado o inseguridades o miedos nuevos, no se mezcle tanto con el presente.

Lidiar con una pérdida es suficiente como para sumarle cargas. La vida y su impermanencia nos rompen el corazón. A veces de maneras muy pequeñas y a veces de maneras brutales, pero todos los días.

Y luego hay días donde crees que ya no puedes más y te sorprendes a ti mismo con tu resiliencia.

Los que andamos por la vida con el corazón roto somos muchos y somos fuertes y somos muy valientes.

Se necesita mucha fuerza para ser suave.

Piensas que el duelo te matará, pero en realidad, si lo dejas, te abrirá. Romperá tu corazón, pero también te mostrará que puedes sobrevivir con un corazón roto.

Morder vidrio

El duelo, especialmente el duelo anticipado, está acompañado de altos niveles de ansiedad. Nos preocupamos por cómo vamos a poder enfrentar la pérdida que nos viene, el vacío de esta pérdida.

Una noche que llegué a mi casa, antes de meterme a bañar, me serví una copa de vino en la cocina y tuve un impulso que nunca había tenido antes. Me dieron unas ganas tremendas e inexplicables de morder la copa de vino. De morder el vidrio. De sentir y escuchar el crujido del vidrio contra mis dientes, de sentir la presión del filo cortando mis encías.

No era una sugestión, no estaba pensando en hacerlo antes, solo tuve una sensación emergente, inmediata, de morder la copa en ese momento.

Me la quité súbitamente de la boca, como sabiendo que si no la apartaba así me podría traicionar a mí misma y morderla en cualquier momento. Me prendí un cigarro para satisfacer mi intempestiva necesidad oral de otra manera (no sé si menos dañina, pero efectiva en ese momento) y aún sintiendo esa necesidad de algo más violento, me terminé por morder el brazo.

Fuerte. Una y otra vez. Hasta que mi sádica fantasía de morder vidrio se apagó.

En mi afán de analizar todo, que es algo natural en mí, me puse a investigar el significado de esta sensación tan nueva y tan violenta.

Resulta que hay gente con algunos trastornos de integración sensorial o gente con autismo que buscamos experiencias táctiles u orales muy fuertes para *sentir algo.*

Con estas experiencias intensas estaba tratando de regular otros estímulos también intensos, pero externos, como lo son el dolor, el duelo, la incertidumbre y esta ansiedad que sentía. Es una forma de autorregulación sensorial que te conecta con tu cuerpo. Y esta ansiedad puede generar impulsos inusuales como forma de liberar la tensión acumulada. Este proceso profundo y complejo me enfrentaba una vez más a emociones intensas, abrumadoras, que se manifestaban de esta nueva manera que jamás esperé.

Investigando el significado de esto a profundidad, desde la compasión y la curiosidad, me di cuenta de qué era lo que este impulso me estaba diciendo de mí y de mi proceso.

Durante un duelo es común que nos sintamos fuera de control. No podemos evitar la pérdida, no podemos cambiar lo que está sucediendo o, en mi caso, lo que estaba por suceder.

Esto me generó una sensación de impotencia que me sobrevino de manera aterradora. Nuestra mente, en afán de ayudarnos, busca formas de "recuperar el control", incluso si estas formas son inusuales o extremas, como morder vidrio.

Mi impulso era una manera simbólica de controlar algo tangible. Aunque no podía controlar la pérdida de mi madre, sentía que sí era capaz de controlar un dolor físico.

Era mi manera de exteriorizar el dolor emocional, de sacarlo de mi interior. Trasladar el dolor emocional al ámbito físico. No creo que buscara activamente lastimarme. Mi cuerpo y mi mente estaban tratando de encontrar una manera de expresar mi dolor insoportable en algo "soportable", algo físico y tangible.

También me puse a pensar en el símbolo del vidrio. Frágil, transparente, peligroso. La fragilidad de la vida. Darme cuenta de lo delicada que es la existencia y cómo la vida puede "romperse" en cualquier momento. Como el vidrio. Mi necesidad y deseo de atravesar el dolor de manera inconsciente, mi necesidad de atravesar algo doloroso, incluso sabiendo lo mucho que me iba a lastimar.

Peligroso. Y transparente como la verdad. Transparente como las emociones que son muy claras cuando llegan a ti. De golpe. Sin rodeos. Transparente como la verdad de la impermanencia.

A veces, cuando las emociones son tan intensas, buscamos maneras de sacarlas de nuestro interior y, como no lo hacemos de manera consciente porque es muy doloroso, salen de estas maneras que parecen que nos quieren lastimar.

Parece que nos queremos hacer daño a nosotros mismos. No sé si alguien más ha querido morder vidrio, seguramente sí, pero conozco muchos amigos y gente amada que lo ha externalizado de otras maneras igualmente peligrosas. Como autoinfligirse cortadas, como beber demasiado alcohol, como cortar a la gente de su vida en el momento en que más los necesita cerca, y muchas más formas de autoinfligirse dolor.

Esto sucede sobre todo en la etapa del duelo en la que sentimos un entumecimiento emocional, cuando nos sentimos desconectados del mundo y de nosotros mismos. Este estado, que se conoce como disociación, es una respuesta de protección de nuestra mente para evitar sentir demasiado de golpe.

Sentir "algo" en este estado, según el pensamiento que supone tener ese momento, es una manera de romper el vacío emocional a través de un estímulo físico intenso. Es un intento desesperado de reconectar con el momento presente, aunque sea de una manera extrema.

Transité este estado recordando, gracias a mi curiosidad, que no estoy sola. Que no está mal sentir estos impulsos de querer lastimarse a uno mismo siempre y cuando se detengan a tiempo y se transiten con amor propio y compasión. En plena conciencia de lo que se está ideando y por qué se está planteando. Estos impulsos son una respuesta natural a emociones muy intensas. Sin embargo no sucumbí a ellos y decidí manejarlos de una manera saludable. Canalicé esa necesidad física haciendo ejercicio. Busqué la manera de irme de la sala de espera durante una hora al día, los días que podía. Encontré, cruzando la calle enfrente del hospital, un lugar para hacer ejercicio.

Como me gusta saber científicamente qué pasaba por mi cuerpo y mi mente con este cambio de impulsos, investigué, y resulta que el ejercicio reduce los niveles de cortisol, la hormona del estrés, y aumenta la producción de serotonina y norepinefrina que ayudan a regular el ánimo. También libera endorfinas, que son neurotransmisores que producen una sensación de bienestar y de alivio al dolor emocional. En mi vida, el ejercicio es como un ritual para sentirme mejor, y en este momento, que estaba pasando todo esto dentro de mí y no me estaba moviendo, mi cuerpo y mi mente me agradecieron muchísimo cuando lo hacía.

Ahora con más información, entendí cómo el ejercicio físico promueve la neuroplasticidad, la capacidad del cerebro para adaptarse y para reorganizarse. Cuando estamos en estas situaciones límite, nuestro cerebro tiende a quedarse atrapado en patrones de pensamiento negativos o patrones de rumiación. El ejercicio puede lograr que interrumpamos estos patrones y que se fomenten conexiones neuronales más saludables. Científicamente, se ha demostrado que el ejercicio de manera regular nos ayuda a aumentar la producción de BDNF (factor neurotrófico derivado del cerebro), una proteína que fomenta el crecimiento de nuevas conexiones neuronales. En fin, solo necesitaba escuchar a mi cuerpo en sus mensajes crípticos. "Muerde vidrio" era "muévete, saca físicamente este dolor de tu cuerpo. Sácalo y no te lo quedes dentro".

Uno de mis autores favoritos contemporáneos, Bessel van der Kolk, en su libro *El cuerpo lleva la cuenta,* enfatiza en la profunda conexión entre el cuerpo y las emociones, especialmente dentro del contexto del trauma. En su obra destaca cómo es importante abordar el trauma desde una perspectiva corporal. Van der Kolk sostiene que el trauma se almacena en el cuerpo y que, para sanar, es necesario reconectar con las sensaciones corporales. "El trauma se queda atrapado en nuestro cuerpo, en nuestros músculos y tejidos. Para liberarlo debemos aprender a sentirlo y moverlo".

En mi proceso, “mover” el trauma me ayudó a procesar y liberar emociones somatizadas. ¿Qué es una emoción somatizada? Es una emoción que, en lugar de expresarse directamente a través de un pensamiento, palabras o emociones conscientes, se manifiesta físicamente en nuestro cuerpo. Esto genera síntomas físicos que se pueden manifestar desde dolor corporal, cansancio extremo, problemas de digestión, etcétera... cuando no expresamos estas emociones (por mil cosas, ya sea dolor, vergüenza, falta de conciencia emocional, miedo...), el cuerpo se “desborda”, pues no puede retener estas emociones y se genera una especie de sobrecarga que se traduce en síntomas físicos. Mi cuerpo seguramente me dio varias señales antes de querer morder vidrio. Pero fue hasta esa señal que yo pude escucharlo y entender lo que necesitaba. Estemos atentos a nuestro cuerpo cuando la mente está sobrecargada. Cuando un sistema falla, generalmente el otro compensa para ayudarnos. Somos una máquina extraordinaria.

Sueños como ventanas al otro lado

Siempre he estado fascinada con los sueños. Cuando mi madre murió, después del proceso en el hospital, mi hermana y yo nos quedamos en mi casa en la Ciudad de México juntas. Pasaron los días y semanas y estábamos lidiando con la pérdida y el duelo, pero también con todos los aspectos físicos de la muerte, como dónde hacer el velorio, donde íbamos a enterrarla, cómo íbamos a pagar todo, etcétera, y una noche, mientras estábamos en mi cocina comiendo unas quesadillas, se fue la luz. Si vives en la Ciudad de México, sabes que esto no es algo inusual. Así que nos pusimos a investigar si los vecinos tenían luz o no para descartar la posibilidad de que el *breaker* de la luz no se hubiera bajado de repente debido a que hacía mucho frío, más del normal en la ciudad, y habíamos prendido unos calentadores que compré en línea muy baratos, que seguramente jalan mucha luz porque hacen mucho ruido; los habíamos dejado encendidos en los cuartos para mantener la temperatura. Los vecinos tenían luz. La calle tenía luz. Seguramente era que se bajó el *switch,* pero al checarlo nos dimos cuenta de que estaba encendido.

—Qué raro —me dijo mi hermana, y luego añadió—: oye, ¿pagaste la luz?

No. Se me había olvidado por completo pagar el recibo de la luz. Nos metimos al portal de internet para pagar, pero no funcionaba.

— Iré mañana —le dije.

Encendimos velas, sacamos unas cartas para jugar mientras nos daba sueño y nos fuimos a dormir muy temprano. Esa noche soñé con mi mamá. Estaba en mi casa. Sin luz. Y tenía miedo. Ella me agarró de la mano y caminamos por toda mi casa a oscuras. Avanzamos con pasos firmes. Recorrimos toda la casa, que apenas se reconocía en la penumbra. Justo antes de que me despertara, me dijo, aún agarrada de mi mano: "Te quería enseñar que no hay nada que temer. Hay luz en la oscuridad".

Los sueños son una expresión profunda del inconsciente, una ventana a la profundidad de nuestra psique. Nos guían en un viaje de autodescubrimiento y nos dan información valiosísima sobre nuestro mundo interior. Hay muchas tradiciones donde se cree que los sueños son una manera de comunicarnos con los que ya trascendieron.

Durante el proceso de duelo es común tener sueños con nuestros seres queridos. Nos proveen confort, la oportunidad de cerrar cosas que quedaron pendientes o de procesar las emociones relacionadas con la pérdida.

Carl Jung decía que los sueños no solo reflejan los conflictos individuales, sino que también pueden abrirnos una puerta a lo transpersonal: experiencias que van más allá del yo individual, que nos conectan con un nivel más amplio de conciencia, como se une lo personal con lo individual. Mi sueño sobre mi casa sin luz representa más que solo lo evidente de estar en la oscuridad literal. Me estaba mostrando la luz en la oscuridad simbólica del proceso del duelo. Estaba resumiendo la enseñanza de mi madre. La enseñanza que me venía persiguiendo desde el inicio me alcanzaba en el profundo inconsciente para ser revelada. "Hay luz en la oscuridad".

Si lo analizamos desde el pensamiento de Jung, la madre no solo es mi madre, sino que también es un símbolo arquetípico universal. Esto quiere decir que representa el origen, la protección, la sabiduría y mi conexión con lo inconsciente. Una manifestación de mi psique que me ayuda o brinda apoyo en este momento de confusión, miedo y transición.

También los sueños nos recuerdan que el vínculo emocional no está atado al vínculo físico. Aunque mi madre no esté físicamente en este plano, su presencia en mi sueño me refuerza el vínculo espiritual emocional. Ella seguirá existiendo en mí, como una guía de amor y sabiduría. La casa podría simbolizar mi cuerpo, mi vida interior, mi mente. La falta de luz es sinónimo de incertidumbre y de mi duelo; es la oscuridad emocional representada literalmente. La dualidad universal de mi sueño, la luz y la oscuridad, la podríamos interpretar como un mensaje de esperanza en medio del dolor. La luz es la conciencia que surge del trabajo interior.

Ella me guio de la mano por mi casa en mi sueño; esto lo interpreto como un recordatorio de que no estoy sola. Acepto su guía, o la del universo, para atravesar el proceso de sanación y enfrentarme a la oscuridad con confianza.

Acepto la guía. No estoy sola.

Otro día soñé con ella muerta, como la había visto el día que murió en la plancha de la sala de emergencias y la revivieron. Estaba acostada ahí de color gris, como si el color con el que la vi ese día se hubiera exacerbado. Estaba en una plancha empotrada de la parte de los pies a la pared y tenía un mecanismo invisible a mis ojos que hacía que la plancha diera vueltas. Giraba de manera circular. Cuando me acerqué a verla, había un bebé encima de ella. Un bebé recién nacido, rozagante. Vivo. Muy vivo.

Recuerdo haberme despertado de ese sueño con la certeza de que me habían enseñado el ciclo de la vida. No sé si necesariamente era un sueño sobre la reencarnación, pero sí me enseñó que todo termina y comienza. Hay gente que dice que lo importante de un sueño es la sensación con la que despiertas. Me desperté con la sensación de que todo estaba en perfecto orden. Aun si yo no lo comprendiera. Todo sigue su curso. Todo continúa girando. Los bebés siguen naciendo encima de nuestros muertos.

El día que murió mi madre desperté en mi cama. Mi espalda estaba muy lastimada por los sofás reclinables de la sala de espera de la unidad de cuidados intensivos y quería descansar realmente durante esa noche y, cuando desperté, me sucedió algo casi indescriptible.

No hice nada extraordinario antes de dormirme, no tomé ninguna pastilla para ayudarme a conciliar el sueño, no cambié nada de lo que había sido mi rutina de aquellos tenebrosos días de hospital. Sin embargo, cuando desperté, tuve una inmensa sensación de amor infinito, profundo, magnánimo; estaba sintiendo algo que trascendía mi cuerpo y el tiempo.

Desperté con una sensación de amor tan poderosa y tan grande que no recuerdo haber sentido nunca, así, sin buscarla. Es difícil de explicar una experiencia trascendental del amor. Desperté con una sonrisa, una sensación cálida en mi cuerpo y una certeza de que algo más grande que yo misma me habitaba, me fundía con la existencia entera. Llamé a mi hermana para contarle mientras me alistaba para ir al hospital. Unas largas horas más tarde, ese día, mi madre dejaría la tierra.

Viéndolo en retrospectiva, ahora sé que esta fue su manera de irse. Me aventó un lazo a donde ella iba. Un vislumbre. Pude tener una especie de destello de lo infinito, una probada de a dónde estaba yéndose. Percibí el todo y es hermoso, y solo hay paz para nosotros. Solo hay unidad. Nada es bueno, nada es malo. Todo simplemente es. Y es infinito. No hay nada que temer.

No temí por ella cuando murió porque ella me había enseñado a dónde iba y era hermoso. No sé cómo alguien como yo, que no está al borde de la muerte o teniendo una *near death experience,* puede tener este tipo de experiencias trascendentales. Lo que sí sé es que tuve una esa mañana, el día de la muerte de mi mamá.

Sé que hay gente que reporta tenerlas cuando meditan, cuando ayunan por tiempo prolongado, cuando hacen algún ritual intenso o cuando están en ciertos estados alterados de conciencia inducidos por sustancias psicoactivas, incluso con técnicas de respiración se podría lograr. En mi caso, creo que solo estaba completamente abierta a lo que estaba viviendo. Permití que la experiencia me inundara y me abriera el pecho y me tomara entera. Me puse a merced de lo que surgiera y desde ahí, desde esa apertura, se me empezaron a revelar verdades y canales de comunicación con el todo que jamás pensé que fueran reales.

Supongo que lo que quiero es enfatizar la importancia de estar abiertos a la vida. Cuando estamos en situaciones dolorosas construimos corazas, barreras invisibles que nos separan no solo del sufrimiento que estamos tratando de evitar, también de la vida misma. Los muros que creemos que nos protegen en realidad nos encarcelan, pues nos separan de todo lo sagrado, de los demás, del amor y del todo, como quieras llamarle. La verdadera protección radica en fortalecer la entrega. Entregarnos al misterio. Y hay una verdad que se revela cuando estamos abiertos y entregados, que es: cuando dejas de resistirte a escuchar los mensajes, el universo te habla. No es desde un esfuerzo mental desde donde las respuestas llegan, es desde la disposición a sentir. Nuestra vulnerabilidad esconde todo nuestro poder. Permítete estar abierto para que el universo te hable, en tus sueños o en susurros o en sensaciones de tu intuición o a través de la gente que tienes cerca. Hay mil maneras en las que el universo nos habla. Solo que hay que tener la antena encendida para poder escuchar.

Permítete ser un canal para esa energía que fluye como un río con o sin nosotros. Es un río de conocimiento, de amor, de conexión, de verdades (aunque nos parezcan crudas). Es una energía constante que no depende de nosotros pero que, si nos lo permitimos, podemos acceder a ella y ser una especie de "antenas" que reciben la frecuencia con la que más resuenan.

Cada uno tiene su propio nivel de conciencia, y nuestro deber es elevarlo. Debemos usar nuestro cuerpo-antena con el fin de que, cuando este ya no funcione más, la frecuencia que nos fue dada, esa energía vital con la que cada quien nace y la que procuramos todos los días y con la que trabajamos energéticamente para ser mejores personas, que esa energía tenga la frecuencia más elevada que podamos darle. Que lo que sí se va a quedar de nosotros en este planeta sea mejor de como lo encontramos.

Ábrete a la magia de lo real. Mira la realidad que damos por hecho todos los días y que es realmente alucinante, siente lo espiritual, lee los avances en la ciencia si no estás creyéndolo, no te pido que veas o valores lo que no existe. Todo esto existe a pesar de ser intangible. Los sueños, la energía, las frecuencias, las dimensiones, la luz, el amor, el dolor. Regresa a esa niña o a ese niño que alguna vez fuiste y enséñale tu vida hoy y deja que sea él el que reaccione ante ella por unos instantes. Verás que llorarás más. De tristeza y de felicidad. Sentirás más, o parecerá que lo haces; lo que pasará es que te estarás permitiendo sentir. A veces hace falta regresar a ser partes del niño que alguna vez fuimos. Regresar a esa esencia de suavidad, diversión, curiosidad y, sobre todo, de reverencia ante el mundo. De asombro. Así evitaremos perdernos en la dureza de un mundo que cada vez se torna más rígido. No entreguemos nuestro poder por desidia o distracción.

En lo sutil habita mucho poder.

Así como en el mundo onírico nos visitan nuestros amores que ya trascendieron, también podemos percibir esta cercanía con ellos cuando estamos despiertos y estamos abiertos al mundo más allá de lo tangible. Más allá de lo que podemos percibir. Se nos manifiesta esta visita en formas tan diversas como lo son las experiencias que cada uno vive en este plano.

Existen varios libros sobre señales. Uno muy hermoso que me regaló la madre de mi mejor amigo que perdió a uno de sus hijos se llama *Señales, el lenguaje secreto del universo.* Habla sobre las señales que podemos percibir o inventarnos (que es indudablemente igual de válido) cuando perdemos a alguien; las señales en forma de mariposas, de pájaros, de una canción específica que compartían juntos o que era la favorita de la persona y sale en la radio de manera sorpresiva; en forma de olores o de una madre gritándole a su hijo el nombre de nuestra persona en un parque... si estamos atentos a las señales, nos podemos dar cuenta de que están por todas partes.

Los seres que amamos nos acompañan siempre y de maneras distintas. Podemos decidir creer que son ellos manifestándose; podemos decidir creer que es un mecanismo hermoso de defensa y de protección de nuestra psique. Pero de cualquier manera, es una expresión manifestada de que estamos siempre acompañados o por sus almas o espíritus o por su memoria que vive en nosotros, y que cualquiera que sea la opción que nos hace más sentido está siendo manifestada. El universo conspira a nuestro favor y nos hace, si lo permitimos, poder acceder a un duelo acompañado de nuestros amores que se adelantaron. El universo nos habla y hay que saber escuchar los distintos lenguajes que utiliza.

Reina de belleza

Mi madre fue reina de belleza; para ser más exacta, fue Señorita Distrito Federal cuando tenía solamente diecisiete años. Con esto trato de decir que fue una mujer físicamente bellísima. Me atrevería a decir que de las mujeres más guapas que he visto.

¿Cómo una cosa que es considerada un privilegio social, una cosa que es tan celebrada y codiciada como la belleza, con el paso del tiempo puede convertirse en un estigma con el que las mujeres tenemos que cargar?

Mi madre cargaba con esto que le fue dado como derecho de nacimiento, pero que nunca le explicaron cómo trascender cuando se terminara. Porque, inevitablemente, la belleza —como todo— se termina.

Cuando la belleza deja de ser solo un atributo y se convierte en una identidad, en una moneda de valor propio, nos subimos a un pedestal imaginario y autoimpuesto del que no podemos bajarnos y entonces el proceso natural de envejecer se convierte en una amenaza.

En una sociedad obsesionada con la apariencia, la juventud y la belleza dejan de ser meras cualidades estéticas y se convierten en una forma de validación, en un contrato silencioso que exige mantenerse intacto para seguir siendo digno de admiración, de deseo, digno de existir y de tener "relevancia" en un mundo cada vez más ajeno a uno y más afín a los más jóvenes.

Esta enseñanza fue una lección difícil para mi madre que venía de una dinámica bastante tóxica con su propia madre y con su esposo —mi papá—, donde ambos, a su manera, le exigían que se quedara bella, flaca y joven por siempre. Unas exigencias bastante asfixiantes con las que casi todas las mujeres podemos identificarnos de alguna forma o de otra aunque no hayamos sido reinas de belleza. Son estereotipos de estándares de belleza prácticamente inalcanzables, diseñados para hacernos sentir menos y hacernos comprar más. Si me siento fea, compro el maquillaje; si me siento gorda, compro la faja compresiva; si me siento menos, compro más. No solo estamos perpetuando una visión patriarcal sobre cómo debería verse una mujer, sino que estamos jugando el juego del consumismo. La idea es no poner nuestro valor personal en cosas —como la juventud y la belleza— que se van.

Si construyes tu valor en torno a algo que se desvanece, tarde o temprano te sentirás invisible.

NAOMI WOLF, *El mito de la belleza*

Hay que construir nuestra identidad, pero no desde nuestra apariencia física ni desde nuestro trabajo o de lo que hacemos. Nada de eso nos da valor. Hablemos de lo efímero de la identidad. Desde el momento en el que nacemos, el mundo nos dice quiénes somos con base en factores externos: "Eres hermosa", entonces mi valor está en mi apariencia. "Eres muy inteligente", entonces mi valor está en lo que sé. "Eres buenísima en tu trabajo", entonces mi valor está en mi productividad. "Eres fuerte, útil, importante", entonces mi valor está en lo que hago por los demás. Todas estas cosas son transitorias. La belleza cambia, la mente se desgasta, el trabajo termina, la relevancia social se disuelve. Si nos identificamos con ellas, cuando desaparecen, sentimos que nosotros desaparecemos con ellas.

Cuando lo que te define es externo, tu sentido de ti mismo se desvanece junto con ello.

ECKHART TOLLE

Aunque mi madre supo sabiamente pasar de reina de belleza que atrapaba miradas por su cuerpo y su cara, a ser la que, cuando entra en una habitación, te hace sentir como un rayo de sol que te hace sonreír porque su presencia ilumina el cuarto. No estoy tratando de decir que la importancia del cambio radica solo en transformar el concepto de belleza que tenemos, creo que es crucial que miremos cuál es nuestro "reino de belleza" propio.

Quiero decir, ¿a qué cosas superficiales les estoy dando tanto poder en mi vida? ¿Estoy haciendo que radique mi valor en algo más que en mi ser, en algo que eventualmente desaparecerá? Tal vez para ti sea el trabajo, tu vida social o tu juventud... Hay muchas fugas donde podríamos estar poniendo nuestro valor erróneamente.

Cambiar nuestra perspectiva sobre las cosas que se perciben como superficiales puede hacernos encontrar una dimensión entera detrás de ellas. Una dimensión hacia lo profundo y lo real. Poner nuestro valor en lo inamovible del espíritu nos coloca en un lugar de mayor estabilidad para permanecer plantados en la verdad y continuar conectados al todo.

DMT

Mi mamá estaba cada vez peor desde mi punto de vista. Pero los doctores nos decían que la veían mejorando, que si su hígado estaba más fuerte, que si sus pulmones estaban a punto de aguantar respirar por sí mismos, que tal vez nos movían a terapia de cuidados intermedia; nos decían cosas que parecían ir en contra de lo que mi instinto, mi intuición, me dictaban.

Externando estos sentimientos con mi familia, recibí varias palabras de aliento para confiar en los expertos, quienes por algo nos decían que veían mejoría. Pero había algo en mí que sabía que mi madre no iba a sobrevivir y no importaba cuánta esperanza me dieran. Había algo en mí que sabía. Por supuesto que hice lo que no debí. Reprimí mis instintos y, a cambio, escuché a los expertos. Había en mí un sentimiento de conflicto con mi verdadero sentir y mis ganas de que tuvieran razón los doctores y de que sí, en efecto, mi madre estuviera cerca de mejorar y salir del hospital viva.

En el papel notarial que le firmé a mi mamá sobre su bien morir especificaba que no deseaba que la mantuvieran con vida de manera artificial. Y eso era justo lo que habían —habíamos— hecho. Mi sensación era que la había traicionado por completo. Pero, verás, los papeles que se leen tan simples, incluso como unas instrucciones fáciles de seguir, no lo son.

Me topé con miles de obstáculos queriendo hacer valer su voluntad. Su última voluntad. Sus hermanas, incluso la mía y los doctores, estaban seguros de que ella sobreviviría y que no tenía derecho de tomar esa decisión si había una remota posibilidad de que saliera con vida de ahí.

Yo sabía que mi madre me había dejado a mí esta titánica tarea porque confiaba en mi criterio y mi pragmatismo. Yo no dejaría que sufriera o que existiera la posibilidad de que saliera con vida a medias, o sea, que no pudiera moverse o hablar o tener una vida parecida a la que había experimentado durante sesenta y cuatro años.

Tuve muchos momentos donde me rompió por completo tener el peso de esta petición tan clara de mi madre. Una petición de lo más sensata que nadie parecía entender. Había días donde terminaban por hacerme sentir como el hijo asesino.

Cuando yo era chiquita, había una película de Macaulay Culkin sobre un niño malo que quería matar a su mamá; así era como me hablaban cuando me "convencían" de que lo mejor era la siguiente cirugía o tener paciencia.

Estoy consciente de que, una vez que la entubaron, en el primer momento crucial cuando llegamos a urgencias, mi madre y yo perdimos la batalla de alargar su vida de manera artificial, pero en mi defensa, ¿quién llega a urgencias a salvarle la vida a su mamá (o a quien sea) y se acuerda de decir: "pero, por favor, no vayan a salvarle la vida de esta manera"?

En fin, el caso es que después de veintidós días de suplicio físico para mi madre, los doctores se reunieron con nosotros y nos dijeron que ahora sí no había nada más que hacer. Que había que dejar que la vida tomara las riendas y mi madre muriera.

Si bien agradezco profundamente la labor de los doctores y enfermeras, siempre me quedaré con la sensación de que se alargó su dolor. También, a la vez, y contradictoriamente, como suele suceder en estas circunstancias, pienso que "todo pasa por algo" y que tal vez ella quería despedirse de sus hermanas, de sus nietos y, lo más importante, de su otra hija, su declarada gemela y favorita. Y eso me da paz. No estuvo consciente la mayoría del tiempo, a decir verdad, tuvo muy pocos micromomentos de conciencia, pero tal vez había algo en su ser que nos escuchaba y que nos sentía y que, con suerte, fue suficiente para que se sintiera acompañada esos últimos días.

Desde qué llegó la tenían en sedantes muy fuertes y medicamentos para el dolor, ambos hacían que estuviera "fuera de sí", ida.

No hay evidencia científica de que las personas en este estado puedan oírnos, pero existen algunas personas que regresan de estos estados y reportan haber escuchado.

El día en el que los doctores decidieron que no había nada más que hacer, y tras la noticia, tuve un inexplicable impulso por saber si la gente que muere con esa cantidad de sedación y medicinas para el dolor experimenta el famosísimo DMT antes de morir.

Mi fantasía era que mi madre, después de veintidós días donde sufrió muchísimo dolor con el afán de ser salvada, pudiera por fin —al morir— tener un último momento de felicidad pura. De éxtasis. De amor absoluto.

El DMT se genera en el cerebro en situaciones extremas, como cuando nacemos, cuando damos a luz y cuando morimos. Es una triptamina psicodélica que el cuerpo produce en pequeñas cantidades, y algunos científicos creen que podría estar involucrada en experiencias cercanas a la muerte, en sueños y en estados místicos.

Hay evidencia de que la glándula pineal, entre otros tejidos, pueden sintetizar DMT. Yo no quería robarle a mi mamá esta experiencia: la de morir con un último fuego artificial que nos regala toda la química de nuestro cuerpo.

Me puse frenéticamente a preguntar y nadie parecía tener la respuesta, también en Google y había opiniones que se contradecían. Estaba obsesionada con querer que mi madre tuviera una última experiencia hermosa y al parecer no fue así.

La gente que muere bajo una fuerte sedación tiene baja actividad cerebral y no tiene las mismas respuestas neuroquímicas que podrían generar las visiones o experiencias místicas. Me trastornó pensar en esto, me ocupaba, me generaba ansiedad y desesperación. Estuve dándole vueltas a cómo, a qué, podría hacer.

No había nada que pudiera hacer. No había nada más que soltar mi expectativa. Soltar mi deseo de que las cosas fueran de otra manera de como estaban siendo. De nuevo y siempre. Soltar.

Para calmar mi feroz mente en ese momento me dije a mí misma que yo no sabía; tal vez mi madre había experimentado eso en la ambulancia, cuando estaba tan tranquila y se despedía de mí. Y en eso recordé algo.

Hacía como dos meses, mi madre me llamó por teléfono para contarme que había tenido la experiencia más trascendental de su vida. En su jardín. Había experimentado una sublime conexión con lo que ella llamaba Dios. De la nada. Estaba en lo que yo llamo "estado meditativo" y que ella simplemente llamaba "estaba ahí viendo los pajaritos", cuando de repente le sobrevino un oleaje de amor, unidad y felicidad absoluta. Como si estuviera en DMT. Como lo que sentí yo la mañana del día que murió. Yo creo que esa era su manera de decirme: "No te preocupes por eso que yo ya toqué la divinidad, ya pasé por esa felicidad y sentí puro amor y pura paz". Puede ser todo. Puede ser o no ser verdad que murió tan sedada que no sintió nada, igual que puede ser verdad o no que sí lo sintió. Elijo creer que sí, y que, si les preguntara a los científicos, dirían que cada caso es distinto y que tal vez sí experimentó el Nirvana antes de irse, porque me toca decidir creer lo que me hace sentir bien, y esto será para siempre uno de esos misterios que no podemos resolver, donde más vale creer.

La jerarquía en la muerte

Escribiendo este libro me doy cuenta de que una de las cosas que me han ayudado a navegar este duelo y encontrar relativamente rápido la luz y la enseñanza dentro del caos y la oscuridad ha sido la naturaleza jerárquica de la muerte de mi madre.

Hablé un poco sobre mi padre, contando cómo es un hombre violento y cómo fue con mi madre brevemente. Durante este tiempo, donde me obligo a pensar en la muerte para sanar, no puedo evitar pensar en mi padre. No tengo una buena relación con él. Es más, no tengo relación con él en absoluto. Me lastimaba más tenerla que no tenerla, así que esa fue una decisión que tomé hace muchos años en mi vida. Sin embargo, me encuentro pensando en la importancia de hablar del orden jerárquico en la muerte y su historia me viene a la mente inmediatamente, como unos focos ámbar que se encienden y te anuncian algo averiado o un gran hoyo en la carretera que hay que voltear a ver.

Durante años, no comprendía por qué mi padre estaba tan enojado. Con la vida, con las mujeres, conmigo. Por qué era tan violento física y verbalmente. Y en mi búsqueda adolescente de crecimiento personal, terminé en una terapia de constelaciones familiares. Que, por si no sabes qué es, es una terapia donde, en una sesión grupal, los participantes eligen personas del grupo para que representen a los miembros de su familia y puedas ver "desde afuera" las dinámicas y los patrones de comportamiento que vienen heredados inconscientemente. Y es muy loco. Parece que es como una obra de teatro y que la gente está actuando, pero cuando te toca representar a alguien de la familia de alguien más, te das cuenta de que es como si una energía distinta a la tuya estuviera presente. Mi opinión es que lo que sucede en esas terapias es cien por ciento real; se mueve mucha energía estancada y hay llantos y conexiones y miradas distintas para problemas añejos; y la energía no miente.

Fui a constelar a mi papá; pensando que iba a encontrar patrones de abuso en su familia, me encontré con la muerte de sus dos primeros hijos. Cristina, creo que tenía tres años cuando se ahogó persiguiendo una pelota que había caído en la alberca mientras todos los adultos de la casa comían a escasos metros de ella;

y Fabián, más bebé, que se le cayó accidentalmente a la nana que lo cuidaba mientras mi papá y su primera esposa estaban cenando fuera, a la postre de la muerte de su primera hija.

Mi papá tuvo diez hijos en total y hoy ocho seguimos vivos. Mi teoría es que tuvo tantos hijos en un afán desesperado por recuperar a los que había perdido. Mi teoría también es que nunca superó esas pérdidas. Antes, incluso más que ahora, se les exigía a los hombres ser fuertes y no mostrar su dolor o su tristeza. Él creció y vivió en una época de mucha más represión emocional y donde los hombres carecían de espacios seguros para poder liberar sus emociones. Eso se reservaba únicamente a las mujeres. Era socialmente inaceptable ser un hombre sensible. Un concepto que lamentablemente aún perpetuamos como sociedad en muchos lugares del mundo.

Sin embargo, lo que sí era socialmente aceptable era explotar en enojo. La ira, el enojo, la violencia son maneras que tristemente aún se consideran como las únicas formas aceptables de dolor para los hombres en la sociedad. Él albergaba en su corazón roto un dolor hecho enojo, que no se pudo quitar toda su vida. Lo consumió por completo. Nunca pudo salir de su duelo por que se lo comió el hoyo negro del dolor que nunca pudo sacar. Trató de automedicarse con alcohol toda su vida, solo para que esta adicción terminara por hacer más grande su herida. No pudo ver que quien se quedaba, quien vive, lo necesitaba; él solo atendió la llamada de los muertos, olvidándose de los que se quedaron vivos. Olvidándose incluso de él mismo. Dejando que las ausencias lastimaran la relación con sus nuevos hijos, perpetuamente enojado con la vida porque no pudo integrar sus pérdidas, culpando a todos, lleno de culpa de no haber podido evitar la muerte. Él, el macho, el hombre de hombres que todo podía, no pudo evitar la muerte de sus hijos, y es que él no entendió que nadie puede evitar lo inevitable. Que tuvo que haber derribado sus muros y dejado que lo inundara el dolor real y no haberlo transformado en odio, en ira. Ese enojo que era pura culpa disfrazada y, por no ser tratado, liberado y transmutado, se terminó por convertir en una vida llena de gritos silenciados y mal dirigidos, en una vida a la que se le olvidó ser vivida realmente. ¿Y cómo habría podido?, si cuando sucedió la primera muerte, la de su hija primogénita, su madre lo mandó a él ya su esposa a Europa por meses para que sanaran, según esto, pero cuando volvieron, se percataron de que mi abuela había desaparecido todo rastro de la existencia de esta niña. No había ni una foto, no quedaba ni un juguete, ni una prenda de ropita; parecía como si nunca hubiera nacido. Esto destruyó a su hijo y a su esposa. Mi abuela les robó su duelo. Nadie debería poder robarte tu duelo. Este tiempo es el más importante de honrar y de vivir en su total plenitud. Desde esta revelación en aquella terapia de constelaciones, tuve una compasión y una empatía gigante por mi papá. Entendí también la importancia de vivir un duelo y de honrar y agradecer a los que se nos adelantaron, entendí la importancia de trabajar en uno mismo para tener las herramientas necesarias para construir esta entereza cuando llegue el momento.

Me moriría si mueren mis hijos, pero también renacería. Entendería todo, pero me tardaría más tiempo en integrarlo, creo. No lo sé de cierto porque no lo he vivido, ese no ha sido hasta hoy mi destino. Si lo fuera, estoy segura de que mi mente tardaría más en entenderlo. En procesar e integrar. Las muertes fuera de orden tienen un elemento distinto a las muertes de orden jerárquico. No es lo mismo que se muera tu abuela a que se muera tu hija, en términos de integración. Hay una sensación de que es más justo cuando muere alguien que ya vivió y hay una sensación de injusticia cuando muere alguien joven o niño. Sin embargo, esta manera de ver la muerte es un tanto presuntuosa. ¿Cómo creemos tener la certeza de cuánto vale una vida? ¿Vale más mientras más tiempo pase en su cuerpo humano? ¿Cómo creemos saber que una vida bien vivida es solo una vida larga? La vida, dure lo que dure, tiene toda el mismo valor. Y la muerte de la gente joven o de los niños nos recuerda que lo importante no es el tiempo que pasamos en la tierra, sino lo que hacemos con ese tiempo y a cuántas personas tocamos con nuestro amor. Lamentamos que estas vidas no van a experimentar cosas como convertirse en padres, conocer algún lugar del mundo, etcétera... experiencias que nos parecen que hacen que vivir valga la pena. Pero la vida siempre ha valido la pena. Simplemente, conocer a estos ángeles hace que haya valido la pena. Haber tenido, si acaso, solo unos instantes con ellos hace que todo tenga sentido. Hay vidas que viven todo lo que vienen a vivir muy pronto y no tiene que ver con lo que arrogantemente creemos que significa *vivir una vida*. La vida es lo que cada quien vive, y eso es suficiente para que sea una vida digna de haberse vivido, sin lamentarnos de lo que se perdieron, pues ese no era su destino de vida.

Ninguno de nosotros tiene la respuesta a la pregunta "¿de qué se trata la vida?". Lo más cercano que yo tengo a una respuesta es que se trata de amar. Del amor que damos y del que recibimos. Cuando alguien, joven o niño o bebé muere, lamentamos lo que pudo haber sido, olvidándonos de lo que fue. Y fue hermoso y perfecto mientras existió. Y eso no nos toca entenderlo o juzgarlo.

Los antiguos griegos decían que "para que sus favoritos no sean desgraciados, los dioses los libran de una vida de desdichas" y se los llevan antes, y que lo mejor es morir jóvenes, pues así no vives las desgracias intrínsecas a la condición humana. Vivir con la ausencia de un joven o niño es algo que hay que entrenar para poder hacer; es un acto de resiliencia absoluto superar este tipo de pérdidas sin quedarte absorto en ese hoyo negro de dolor.

Generalmente, cuando alguien pierde un hijo se dice que es una pérdida que no tiene nombre. Que es una eventualidad a la que, como especie, le hemos tenido tanto respeto o miedo que no hemos podido ni nombrarla. Hemos de reconciliar la muerte a cualquier edad, pues no significa que ese ser no vivió suficiente, porque como he dicho, no somos nadie para afirmar que una vida joven no sea una vida entera.

Nacer es suficiente para que a lo que sea que exista entre ese evento y la muerte, le llamemos vida. Pero aun cuando no hay palabras, sí existen muchas maneras distintas de consolar. Podemos consolarnos en saber que, como afirman los griegos de la antigüedad, nuestros muertos ya no sentirán más dolor o tendrán que lidiar con la crueldad de la condición humana. Podemos consolarnos sabiendo que su misión en esta vida, aunque no la entendamos y la juzguemos de corta e incompleta, ha sido la que ellos han venido a experimentar a esta vida. Y que no existe tal cosa como el respeto al orden jerárquico en la muerte, porque ese concepto es un concepto meramente humano.

La muerte no entiende de edades ni de justicias.

Que lo inconsolable se consuele un poco al saber que hemos sido bendecidos con su presencia por los años, pocos o muchos, que han vivido con nosotros. Que lo inconsolable se arrope de caricias de la gente, abrazos, besos de frente y apapachos de nuestra gente cercana. Que lo inconsolable se consuele un poco con la verdad de que no somos nuestro cuerpo ni nuestra mente, sino que somos uno todos, y al TODO volveremos y seremos uno de nuevo con todos. Me hubiera gustado que mi padre hubiera podido tener estas herramientas para sus duelos y mucho amor para darse. Que hubiera podido vivir con sus pérdidas sin perderse a sí mismo en ellas, bien agarrado a la "luz", a la realidad real. Cuánto me hubiera gustado que esos dos angelitos que perdió hubieran sido para él las puertas que lo adentraran a su alma.

Ho'oponopono

Cuando recién me divorcié y regresé a vivir a México, mi mamá vivía aún en la ciudad y estaba descubriendo una cosa que se llama el Ho'oponopono. Me contó un poco sobre el tema y me alentó a acompañarla a un curso intensivo que se llevaría a cabo en una enorme sala de eventos en la ciudad.

Le dije que sí, un poco reticente y un poco escéptica, pero la realidad era que me habría ido al Tíbet si me prometían sanar la pérdida de mi divorcio. Por si no estás familiarizado con esta práctica, básicamente, muy resumido, es una práctica del perdón y la reconciliación que proviene de Hawái y su nombre quiere decir "corregir un error" o "hacer las cosas bien". La idea central es que, asumiendo la responsabilidad de nuestros propios pensamientos, emociones y acciones, podemos limpiar los recuerdos o sentimientos negativos que afectan nuestra vida.

En este curso intensivo nos enseñaron las cuatro palabras que sanan el alma para ellos. Estas son: "lo siento, perdóname, te amo, gracias". Sentimos que, después de tres días, resultaba un poco decepcionante que ya conociéramos las palabras mágicas que nos iban a sanar, y no solo superficialmente, sino que las utilizamos mucho activamente, hasta que entendimos su significado real.

Meditar sobre estas palabras empezó a abrir lugares en nosotros y a sanar nuestras relaciones. En todas las relaciones, incluso más hablando sobre las relaciones con los que murieron, tenemos culpas o sentimientos de cosas que han quedado inconclusas o incompletas, una sensación de "si tan solo" o "hubiera" o "no hice", y estas mágicas palabras nos abren la puerta a que esa culpa o esos sentimientos se acomoden, si es que nos quedamos con algo atorado en una relación que hemos perdido. Esto me ha ayudado un montón en varios momentos de mi vida y ahora en el duelo ha sido de mucha ayuda para liberarme y entender cosas.

Mamá, lo siento, porque no supe cómo reaccionar cuando me dijiste que te sentías mal. Lo minimicé. Lo siento por no haber detenido todo en ese segundo y haberme dedicado a contenerte y hacerte sentir mejor, o por lo menos, menos asustada. Lo siento por no haberme dado cuenta de que estabas muy mal. De que te estabas muriendo. Lo siento porque prioricé mi trabajo por unos instantes pendejos.

Perdóname: por permitir que te mantuvieran con vida tanto tiempo, sabiendo en mi más profundo saber que tu cuerpo no iba a aguantar, sabiendo todo el dolor que estabas sintiendo. Perdóname por lo que le hicieron a tu cuerpo con la promesa de que salieras de ahí viva.

Te amo: para siempre y por siempre. Así no tengas cara, ni cuerpo ni voz. Te amo más allá de la forma humana, de las nimiedades de los humanos, de las cosas buenas y malas que vivimos; te amo con un amor tan total que no caben ya los otros sentimientos humanos. Solo cabe el amor en mi amor por ti.

Gracias: por enseñarme lo que tú sabías. Gracias por enseñarme a no temer ser un humano, con todas sus fragilidades y sus confusiones y sus contradicciones.

Me la hago a mí misma también.

Me perdono por lo que siento que hice mal, por lo que pude haber hecho mejor y no supe cómo; lo siento conmigo por ser a veces tan dura conmigo misma y prometo trátarme mejor; me agradezco que siempre puedo ver la oportunidad de tomar otra decisión y ser más amable con mi vida, y me amo porque soy lo único que tengo todo el día todos los días y le echo muchas ganas a ser mi mejor versión. Mé lo digo y lo desmenuzo, y cada vez que lo hago sale algo distinto, para conmigo o para con mis relaciones.

Es una meditación que te obliga a liberar y a agradecer, dos de las cosas más importantes de esta vida. Dejar ir y dar las gracias. Espero que hacer este ejercicio te sirva como a mí para poner en orden distintos aspectos de tu relación con tu ser trascendido.

Lo siento por ponerte un ejercicio, que es lo último que quieres hacer ahorita.

Perdóname por atreverme.

Te amo, y esto solo está aquí porque me ayudó a mí y deseo ayudar si puedo.

Gracias por tu disposición.

Lo siento, perdóname, te amo, gracias.

YouTube

Esto parece tonto pero no lo es. Durante los veintidós días en los que mi mamá estuvo entre la vida y la muerte, cuando llegaba a casa, si es que no me quedaba en el hospital a dormir, necesitaba hacer cosas para relajar mi sistema nervioso.

Había días donde me tomaba una copa de vino, me bañaba con agua muy caliente, me tomaba suplementos naturales para el sistema nervioso, como magnesio o *ashwagandha*, me hacía un té, lloraba hasta cansarme, pero lo que más me ayudó, curiosamente, fue YouTube.

Abría mi app y me ponía meditaciones guiadas para dormir y afirmaciones para despertar todos los días, durante veintidós días. ¿Por qué no meditaba sola? Mi mente simplemente no estaba lo suficientemente fuerte como para poder hacerlo. Mis pensamientos necesitaban un gobierno que no les podía proporcionar en ese momento, y cuando no puedes hacer algo solo, hay que recurrir a los demás.

Por suerte había mucha ayuda y un mar de buenos —y otros no tan buenos— videos para poner como guía. Necesitaba una guía, alguien que me recordara que tenía que respirar profundo, que pensara en el presente y en el presente nada más. Me dormía con eso en la mente y lograba conciliar el sueño. Por las mañanas, las afirmaciones despejaban mi mente y me hacían recordar que debía permanecer conectada al campo fuente y no solamente a mi dolor, a mi pérdida.

Últimamente la neurociencia ha respaldado el poder transformador de las afirmaciones. Dicen que pueden reconfigurar el cerebro a través de la repetición y la neuroplasticidad, que es la capacidad del cerebro para reorganizarse y formar nuevas conexiones neuronales a lo largo del tiempo. Dicen que tardamos aproximadamente veintiún días en formar un hábito nuevo o en cambiar una creencia.

Así que mis veintidós días de meditaciones guiadas me cayeron de maravilla. De entrada, para que esto funcione necesitamos realmente creer que lo que estamos haciendo está cambiando nuestra manera de pensar, que llevamos tantos años sumergidos en pensamientos automáticos, negativos y repetitivos que a veces es un reto creer realmente que podemos cambiarlos. Hay que ser constantes, con la práctica y con la creencia de que funciona. Hay que ser flexibles para poder creer que algo que parece ridículo, como repetir unas palabras todos los días, puede realmente alterar la manera en la que nuestro cerebro está configurado y hacernos percibir la realidad de manera distinta, dándole espacio a las manifestaciones de estas nuevas realidades en nuestra vida.

El doctor Joe Dispenza, reconocido por sus aportes en la neurociencia y en el desarrollo personal, habla mucho de este tema en sus libros y sus conferencias. Habla de cómo cambiar el estado interno del ser, o sea, los pensamientos y emociones pueden alterar la percepción y, por ende, la experiencia de la realidad en sí.

Varios estudios han mostrado que ciertas prácticas, como la meditación guiada, la visualización y las afirmaciones positivas, pueden disminuir el cortisol (la hormona del estrés), aumentan la serotonina y modifican patrones de ondas cerebrales que nos ayudan a generar relajación, enfoque y creatividad, así como bienestar emocional.

Así que la importancia de abrir la mente a nuevas posibilidades de realidades es crucial en momentos como este, y puede lograrse siempre y cuando lo creamos posible y trabajemos para lograr salir del estado de estancamiento mental. Liberemos a nuestra mente y a nuestro cuerpo de estas respuestas emocionales condicionadas por años que solo nos lastiman más de lo que ya estamos. Creemos nuevas conexiones neuronales y desactivemos las antiguas que ya no nos sirven. Todo suma cuando estamos pasando por algo como un duelo. Y este tipo de meditación suma en cualquier momento de nuestras vidas. Nuestra percepción de las cosas termina por crear nuestra realidad. La mente y la materia están conectadas.

Te comparto unas palabras para meditar y afirmar. Puedes leerlas hoy y ya. O puedes leerlas y repetirlas en voz alta, o repetirlas en tu cabeza, una, dos o las veces que sean necesarias. Puedes doblar la hoja y leerlas diario, o puedes encontrar un video en YouTube que te guste o puedes no hacer nada también. Todo se vale. Pero recuerda que todo suma. Esto te reprograma. Esto te limpia el *default*. Esto te llena de pensamientos distintos a los tuyos que llevan atorados un rato en neutral. Esto sirve si lo dejas que sirva.

Respira...

Conecta...

Hoy la paz interior es mi prioridad.

Hoy elijo conectarme con el universo entero.

El universo conspira a mi favor.

Recibo todo lo bueno que el universo tiene para ofrecerme.

Mi prioridad es mi bienestar emocional, espiritual y físico.

Cada respiración es una nueva oportunidad para comenzar de nuevo.

Mi presencia es mi ancla.

Honro mi camino y el de los demás.

Acepto el amor en todas sus formas.

Confío en que el universo me guía.

Suelto y confío.

Fluyo con la corriente de amor divino e inteligencia suprema.

Soy una antena por la cual la frecuencia del amor absoluto puede manifestarse.

Soy el amor que doy.

Mi propósito es claro.

Agradezco y honro mis ganas de ser mejor persona.

Confío en el misterio de la vida y entiendo que hay cosas que mi mente no puede concebir, sin embargo, existen.

Me abro a experiencias que me sirvan para crecer y expandir mi espíritu.

Me vuelvo un amplificador de todo lo bonito de la vida.

Vibro en gratitud y plenitud.

Transformo el miedo en amor.

Transformo la dureza en suavidad.

Soy libre porque confío en el misterio de la vida y suelto el control.

Utilizo mi energía para elevar a los demás y elevarme a mí mismo.

Soy valiente, pues no pierdo la esperanza.

Soy una fuente inagotable de amor.

Cada día que vivo es una oportunidad más de ser quien realmente quiero ser.

Mi luz guía y reconforta.

Estoy abierta a las señales del universo para guiar mi camino.

Mantengo mi capacidad de asombro ante las cosas que parecen mundanas de la vida.

Veo la magia de lo real.

Cada respiración es energía que entra a sanar mi cuerpo.

Hoy elijo pensar cosas que me acerquen a la realidad que quiero manifestar.

Me abro a las infinitas posibilidades de vida que existen.

Elijo volver a la armonía cuando esta se rompe en mí.

Mi conciencia es un puente entre el mundo espiritual y el mundo físico.

Permito que me sane el amor.

Confío en mi intuición.

Me perdono y perdono a los demás liberándome.

Todo pasa.

Lo bueno pasa.

Lo malo pasa.

Permanezco en el presente.

Encuentro un lugar inamovible de silencio y paz dentro de mí.

Mi casa es mi espíritu, que es el universo entero.

Soy bondadosa conmigo misma y con los demás.

Estoy agradecida por poder tener el poder de amar y que ese amor sea tan grande que trascienda el cuerpo, el tiempo y el espacio.

Me mantengo abierta de mente para entender lo que no entiendo.

Me mantengo abierta de espíritu para recibir experiencias que van más allá de mi mente.

Atraigo felicidad a mi vida con mis acciones y pensamientos.

Elijo el camino de la felicidad.

Agradezco todas las manifestaciones de abundancia en mi vida.

Estoy llena de gratitud.

Todo sucede cuando tiene que suceder.

Uso mi energía para procurarme una vida hermosa.

Soy consciente de que no soy solo un cuerpo.

Soy el universo entero expresándose a través de mí.

Honro mi camino y honro el camino de los demás.

Soy la responsable de mi felicidad y la hago mi prioridad.

Vivo consciente de que nada es para siempre y esto me hace vivir cada día como si fuera mi último.

La leche y la miel

Mi madre finalmente no murió de causas naturales. La desconectamos. Fue muy cruel y a la vez fue hermoso. ¿Por qué cruel? Porque la "mantuvimos" viva a pesar de que su cuerpo claramente ya no podía seguir viviendo y había "muerto" veintidós días antes. ¿Por qué hermoso? Porque tuvimos momentos de mucha fe, donde pensábamos que se iba a recuperar y nos regaló una sonrisa final. Pero hay cosas que viven en la línea de lo hermoso y lo cruel. Y esto vive ahí. Objetivamente. Mi hermana, sus hermanas y mis hijos pudieron despedirse de ella "viva", y esto, para los que seguimos vivos, es mucho más fácil de procesar cuando alguien finalmente muere.

Ves a alguien lleno de tubos, vivo por medio de máquinas, claramente sufriendo, y entiendes la muerte. Incluso llega un momento en donde la deseas como un acto final de amor para tu ser amado. No fue una decisión nuestra que siguiera sufriendo, pero ya que la habían revivido queríamos hacer todo y más para que saliera de ahí riéndose y contándonos qué vio del otro lado, ahí en la tierra donde fluyen la leche y la miel. Bromeábamos con que su siguiente libro —mi madre era escritora— sería sobre lo que vio al morir en el infarto de veinte minutos que tuvo al llegar al hospital esa noche que la llevé a que le salvaran la vida.

"¿Recuerdan lo que nos dijeron y el papel notarial que nos trajeron de su voluntad anticipada?", nos dijeron los doctores a mi hermana y a mí, en un cuarto muy pequeño, sin ventanas, con solo unos pequeñísimos sofás y una mesa donde había una caja de kleenex. "Llegó el momento de preguntarles qué quieren hacer".

Hasta ahora era yo (y el apoyo incondicional de mi hermana) "contra" los doctores y su heroísmo hermoso y cruel. Veintidós días de decirles, con un nudo en la garganta, que ella no deseaba seguir viviendo de esta manera. Mi madre estaba sangrando por dentro y no sabían de dónde. Ya no podían intervenirla más, su cuerpo no aguantaría.

Noviembre 8, 2024.

Mi hermana y yo decidimos que mi madre dejara de sufrir. Mi hermana se quebró de una manera que me rompió los pedazos de corazón que aún quedaban enteros, que eran pocos. La sostuve. La abracé con todas mis ganas y mi amor. Sabíamos que era la decisión correcta, pero no por ello fue fácil. Había una sensación culpable de alivio por ella y una fe abandonada, rota.

Aceptación radial de la realidad cruda que nos estaba tocando atravesar y una sensación de abismo en nuestros estómagos que no parecía que podían digerir esta decisión. Una decisión que debería de haber sido de "Dios" y que ahora nos caía en las manos a nosotras y a ellos, los doctores. Caía en manos humanas, imperfectas, manos que están diseñadas para hacer otras cosas, mentes que no están diseñadas para tomar este tipo de decisiones. Se fue en ocho horas donde estuvimos dos de sus hermanas, mi hermana y yo, agarrándole la mano, masajeando sus pies, hablándole, intentando ver si había alguna respuesta, por pequeña que fuera, si nos escuchaba. Le pusimos sus sinfonías favoritas. Le dijimos que había sido muy valiente. Que era muy amada y lo seguiría siendo. Llorábamos y luego recordábamos algo que habíamos vivido con ella y nos inundaba una alegría que hasta risas nos sacaba. Mi hermana la "bañó", y entre las dos la metimos a la bolsa donde iba a pasar la noche en la morgue antes de velarla. Se veía hermosa. Nunca había visto un muerto tan bello. Su rostro, que durante ese casi mes en el hospital se había endurecido y se había abotagado de tanta medicina, había vuelto a su estado normal y se le habían relajado las facciones. Parecía relajada y en paz. No digo que esto sea ningún indicador real de nada, pero nos dio mucha paz verla irse pareciéndose más a ella misma que como cuando estaba en cuidados intensivos casi irreconocible.

Cuando la metimos a la bolsa, que era blanca, parecía una crisálida. Estábamos poniéndola en su capullo de transformación. Era la imagen de la metamorfosis. ¿Sabías que cuando las orugas entran a su pupa dejan de ser orugas? Su cuerpo se rompe, se licua, literalmente. En esa sopa celular amorfa hay unas células especiales que se llaman discos imaginables que estaban en ella, dormidas, desde su etapa de huevo. Estas células contienen el plano para construir un nuevo ser: alas, ojos, antenas... y todo empieza a surgir "de la nada". Hasta que sale un nuevo ser, no una oruga más bonita, un ser nuevo: una mariposa.

Tengo el recuerdo muy vívido de mi madre cuando cerramos la cremallera por su rostro de aquella bolsa de plástico para llevarla a la morgue. Lo recuerdo e imagino que antes de hacerlo me dice: "No tengas miedo, mi amor. No mires mi cuerpo quieto como si fuera el final de la historia. No llores por mis alas cerradas. Yo ya estoy volando en otro lugar. Entré a mi crisálida sin aviso, como entran intempestivas las cosas que duelen. El cuerpo se apagó, sí. Pero algo más profundo, más mío que el pulso, sigue latiendo. Aquí dentro me deshice, como se disuelve la sal en el agua. Sin dejar de ser. Solo cambiando de forma. Agárrate a las hebras de luz. Siente cada abrazo que no nos vamos a dar de ahora en adelante cuando el sol esté a tus espaldas y te abrace con su calor. Soy yo. El amor no se pierde con la carne ni se apaga con la muerte. Ahora soy otra. No tengo nombre ni rostro, pero sigo siendo tuya. Habito el espacio que existe cuando cierras los ojos. Estoy en todos los silencios. En tu pecho cuando arde en llanto y cuando se calma. Soy el viento que acaricia tu rostro blanco como la leche y tus cabellos castaños de miel. No me busques donde me dejaste. Búscame donde estás viva. Soy la voz del alma que supo que morir no era irse, sino transformarse. Te sostengo mientras atraviesas la vida, hija mía y te sostendré mientras atravieses tu propia muerte. Estaré en todas tus metamorfosis. Y cuando salgas de tus crisálidas, vas a volar con alas que aún no conoces. Pero yo sí. Yo ya las vi. Te amo".

¡Jerónimoooooooo!

El arte de lanzarse al vacío con determinación. El vacío ahora es el presente. Lo único que tenemos claro es que vamos a morir. Lo incierto se vuelve la vida. Hagamos de lo incierto una declaración de valentía. Hagámosle frente al cinismo, al miedo, a la pasividad y la sumisión. Seamos libres entonces. Libres de decidir cómo vivir esta única y salvaje vida. Seamos libres de ser humanos. De explorar qué significa ser humano. De sentir. De sentir todo. Me rindo ante el dolor y lo enfrento de frente. Me lanzo al vacío sabiendo que a quien se resiste a caer le duele más cuando cae. Porque todos caemos.

Una de las maneras más hermosas que tenemos para honrar a los que se nos adelantaron es agarrar lo mejor de ellos, aprenderlo y aplicarlo en nuestra vida.

Ser lo mejor de los mejores.

Somos un tapiz de retazos luminosos, un *collage*

sagrado, una costura de memorias vivas de quienes fueron y ahora somos.

Yo me quedo con las enseñanzas de mi madre: su manera de ver la luz en la oscuridad; su capacidad de perdón; Titilandia, su mundo donde todo puede ser mejor si cambias tu actitud y percepción; su bondad y su generosidad con los demás; su manera de gozar la vida y de agradecerla; su gusto por la vida, por comer delicioso, por el vino; su búsqueda por ser mejor persona; su humildad; su apertura de mente, de corazón y de espíritu. Eso me lo quiero quedar. Esto lo voy a adoptar, heredar y trabajar para obtener. Estaré hecha de ella y de toda la gente que amo y que ya no puedo ver ni tocar, pero que podré honrar con mi vida.

Vivir la mejor versión de nosotros mismos es honrar a nuestros seres queridos. De esta manera siempre estarán con nosotros.

¿Cómo tratarías a la gente si hoy fuera su último día? ¿Cómo te tratarías a ti si fuera tu último día? ¿Cómo viviríamos si supiéramos que nos vamos a morir mañana? Es más, ¿qué te gustaría estar pensando si un día de estos te agarra la muerte desprevenido? Todos seríamos más conscientes de lo que pensamos, de lo que hacemos y cómo lo hacemos. ¿Nos permitiríamos ser y hacer más felices?

¿Qué harías distinto hoy? ¿Qué le dirías a la gente que te ama? ¿Les dirías a todos que los amas? ¿Les agradecerías su amor, su cercanía? ¿Los abrazarías más? ¿Dirías o harías algo que nunca te has atrevido a decir o a hacer? ¿Te atreverías a bailar en la calle mientras caminas al trabajo? ¿Te atreverías a cantar a todo volumen tu canción favorita en la calle? ¿Apreciarías más los colores de este planeta? ¿Los pájaros, el cielo, el pasto? ¿El olor del cemento mojado, las nubes, la sonrisa de alguien que amas? ¿Apreciarías las pequeñas cosas que parecen insignificantes? ¿Haríamos cosas hoy que dejamos para mañana?

Estas son algunas de las preguntas que les hacen a las personas que están a punto de morir y casi todos coinciden en que hubieran querido tener menos miedo de vivir. Que les hubiera gustado tener menos miedo de perseguir sus sueños, poder vivir sin miedo al rechazo, sin miedo a lo que digan los demás, sin miedo de amar y ser amados, sin miedo de buscar su felicidad.

Solo existe el miedo y el amor. Y estos no pueden coexistir. Por lo menos no en un mismo instante. Científicamente, de alguna manera compiten por el espacio en nuestro cerebro.

Y entonces comprendí que el miedo me hace encogerme, me cierra la garganta, me oprime el pecho, me hace apretar los dientes y los puños frente al "vacío" de la muerte y a la incertidumbre de la vida. Me confunde y me hace creer que me está protegiendo para sobrevivir, me dice que recordar es doloroso e incluso peligroso, que sentir es caer y que si caigo no habrá nadie que me levante. Pero el amor... el amor siempre estuvo ahí: paciente, esperando que lo reencontrara, suave y sin prisa, porque sabe que siempre vuelvo. Siempre vuelvo al amor. Este amor no llega para borrar el dolor, sino para abrazarlo, para contenerme y dejarme vivir el dolor desde su infinita gracia. El amor es mi casa, mi origen y mi destino.

El caos como agente de cambio

El amor contiene caos. Nos desestructura, desordena el alma, revienta los relojes, nos revuelve los días y el estómago. Nos han enseñado a ver el caos como enemigo del orden, del control, de nuestra estabilidad. Pero el caos es la matriz donde nace la transformación. En física y matemáticas, la teoría del caos muestra que el aparente desorden no es aleatorio, sino parte de un sistema complejo que busca reconfigurarse. Abre paso a un nuevo orden que no podemos percibir desde la lógica lineal.

En la naturaleza sucede todo el tiempo: una tormenta sacude, pero limpia. Un bosque se quema, pero luego brota con más fuerza. La crisálida se rompe y de ella nace una mariposa.

El caos del duelo nos desnuda de quien fuimos y, en esta ruptura de identidad, nos revela un inicio, un brote de algo más profundo que habitaremos de ahora en adelante. Nos revela una verdad más humilde sobre lo frágiles que somos pero también y, sobre todo, de lo eternos que somos.

Nada más te dejo esto aquí, por si acaso...

Te voy a decir algo que ya sabes. Algo que tal vez te dices poco, pero sabes bien. Déjame solo recordarte esto sin más pretensión:

Recuerda quién eres. Recuerda *quién* eres. Recuerda quién eres *verdaderamente*. No esperes a mañana. Llámale a la gente que amas hoy y díselo. Abraza fuerte a tu gente querida. Llénalos de amor. Diles mil veces lo valiosos que son para ti, lo que significan en tu vida. Come pastel de chocolate. Baila. Canta a todo pulmón. Pide perdón las veces que sean necesarias. Ten cerca a la gente que te amplifica y aléjate de la gente que te daña. Dales paz a tus padres (si vale la pena para ti) y diles que sabes que te aman y diles que sabes que hicieron lo mejor que pudieron. Perdona en vida, si puedes. Diviértete lo más que puedas. Goza. Ábrete a tu creatividad, explora todo lo que piensas que eres bueno haciendo. Hazlo, aun si es con miedo. Atraviesa el miedo para ver qué hay del otro lado. No temas al silencio. Siente lo bueno y lo malo y no te quedes atorado en ninguno de ellos. Festeja lo bueno, pero no te lo creas. Llora y déjate atravesar por el dolor. Ve a la profundidad, pero tampoco creas que ese es el final del camino. Despréndete de lo que te hace los pensamientos pesados. Nada vale la pena estar cargando. Ámate como eres y trátate mejor. Sé mejor para la gente que sigue viva a tu lado. Abre tu corazón al amor. Abre tu mente a los misterios que no entendemos. Sé más curioso. Pregunta muchas cosas, pero recuerda que nadie tiene las respuestas absolutas. Recuerda que todos estamos haciendo lo mejor que podemos con las herramientas que tenemos. Sé humilde y maravíllate con las cosas más sencillas. Aprecia que estás vivo. Y cuando extrañes mucho y sientas que quieres llamar por teléfono a alguien que ya no está en este plano, levanta la mano al cielo y háblale. Dile todo, platícale, cuéntale. Ten esa plática. Comunícate con el universo entero que te escucha. Llora. Sana. Extraña. Respira y no lo des por hecho. Agradece. Agradece este viaje con todo el amor y el dolor que significa vivirlo. Suelta los constructos rígidos mentales y ábrete al misterio. No dejes que nadie ni nada te haga duro y rígido. Sé suave y da amor cada que puedas. No caigas en la fantasía de lo que significa estar vivo para nadie más que para ti. No juzgues, ni a ti mismo. Solo reconoce y avanza. Y, sobre todo, haz alquimia con tu vida. Transforma toda la oscuridad que puedas en luz. En ese misterio, en el todo, en *el pulso,* que es donde nos vamos a encontrar todos algún día.

Nos vemos en la tierra de leche y miel y, hasta entonces, sé lo más feliz que puedas. Ama, ama y ama un poco más. ¡Ah!, y déjate amar.

Haz de tu vida una vida maravillosa...

Y lo que es más... *embárrate la vida.*

... Este era el lema de mi mamá y hoy es su epitafio...

¡¡Embárrate la vida!!

Índice

Esta obra se terminó de imprimir
en el mes de marzo de 2026,
en los talleres de Impresora Tauro, S.A. de C.V.
Ciudad de México.